Ulrich Richartz

Arbeitszeugnisse
in Kirche, Caritas und Diakonie

ISBN 978-3-944427-42-3

Alle Rechte vorbehalten
© 2021 KETTELER-Verlag GmbH
Bernhard-Letterhaus-Straße 26, 50670 Köln

Bezugsquelle:
KETTELER-Verlag GmbH, Niederlassung
Schloßhof 1, 93449 Waldmünchen
Tel. 09972/9414-51
kontakt@ketteler-verlag.de
www.ketteler-verlag.de

Layout und Satz:
S. Stumpf, Kommunikation & Design, Lauf a. d. Pegnitz

Druck:
Spintler Druck & Verlag GmbH, Weiden i. d. Opf.

Gedruckt auf:

Nachdruck und Vervielfältigung, auch auszugsweise,
nur mit schriftlicher Genehmigung des Verlages

Bibliografische Information der Deutschen Nationalbibliothek
Die Deutsche Nationalbibliothek verzeichnet diese Publikation in
der Deutschen Nationalbibliografie; detaillierte bibliografische
Daten sind im Internet über http://dnb.dnb.de abrufbar.

Vorwort

In Deutschland werden vor den Arbeitsgerichten jährlich etwa 30.000 Rechtsstreitigkeiten über Arbeitszeugnisse ausgetragen. Weit überwiegend geht es dabei um Formulierungen im Zeugnistext und mögliche Änderungen. Hunderte von Arbeitszeugnissen werden jedes Jahr allein im Bereich der Kirche, Caritas und Diakonie ausgestellt. Dort sind mehr als 1,8 Millionen Beschäftigte auf vielen Gebieten und in vielen verschiedenen Berufen tätig, ob als Erzieherin, Krankenpfleger, Haustechniker, Altenpflegerin, Sekretärin, Arzt oder Sozialarbeiterin.

Dieses Buch richtet sich an alle Mitarbeitenden bei Kirche, Caritas und Diakonie, die selbst Arbeitszeugnisse erhalten sowie an Führungskräfte und Personalsachbearbeitungen, die mit deren Erstellung beauftragt sind. Es soll Mitarbeitervertretungen in ihrer Beratungspraxis unterstützen und ganz allgemein zu höherer Qualität beim Verfassen und mehr Sicherheit beim Bewerten von Arbeitszeugnissen beitragen.

Das Arbeitszeugnis ist die Visitenkarte für den Mitarbeitenden bei der Bewerbung um einen Arbeitsplatz. Die Zeugniserstellung ist vielen Regelungen unterworfen. Neben der Kenntnis der gesetzlichen und tariflichen Grundlagen ist es daher sowohl für den Zeugnisausstellenden als auch für den Zeugnislesenden von enormer Wichtigkeit, dass ein Arbeitszeugnis sorgfältig erstellt wurde. Denn nur dann kann es mit gutem Gewissen der Bewerbung hinzugefügt werden.

Aus diesem Grund wird **im ersten Teil** des Buches vermittelt, wie „gute" Arbeitszeugnisse gemacht sind, die der Form gerecht werden und dem geforderten Inhalt entsprechen. Ich gebe Antworten auf viele rechtliche Fragestellungen wie der Bindungswirkung von Arbeitszeugnissen und der (gerichtlichen) Durchsetzung des Anspruchs auf Zeugnisberichtigung. Zahlreiche Entscheidungen, besonders der Landesarbeitsgerichte und des Bundesarbeitsgerichts, die zu diesem Thema bis Februar 2021 ergangen waren, sind in die Ausführungen eingeflossen. Der Schwierigkeit, überhaupt Arbeitsleistungen

Vorwort

bewerten zu können, widmet sich ein eigenes Kapitel. Die Aufgaben der Mitarbeitervertretung werden gesondert behandelt.

Der Analyse von Arbeitszeugnissen **im zweiten Teil** des Buches haben echte Vorlagen gedient, die mir im Rahmen meiner Tätigkeiten für das Service-Portal „zeugnisbewertung.de" zugesandt wurden. Auch die kommentierten Musterzeugnisse haben echte Arbeitszeugnisse zum Vorbild. Alle verwendeten Zeugnisse wurden selbstverständlich in anonymisierter Form aufgenommen. Formulare und Textbausteine für den schnellen Gebrauch werden Sie in diesem Buch ganz bewusst nicht finden, da sie zu „seelenlosen" Arbeitszeugnissen führen. Dafür finden Sie Muster und Arbeitshilfen zur besseren Einschätzung des eigenen Arbeitszeugnisses und für die Zeugniserstellung.

Damit ist dieses Buch das erste Werk, das sich in dieser Ausführlichkeit dem Thema Arbeitszeugnisse für Mitarbeitende in beiden großen Kirchen sowie ihrer Caritas und Diakonie widmet.

Für die Verwendung der geschlechtergerechten Sprache habe ich mich am einschlägigen Handbuch des Duden-Verlags orientiert.

Neben meinem Dank für die hervorragende Unterstützung durch die Lektorin Andrea Jörger und das Team der KETTELER-Verlag GmbH bedanke ich mich besonders bei Michael Billeb von billeb health care consult für die personalwirtschaftlichen Hinweise, bei Anja Schu, Juristin der DiAG-MAV Köln, für den Juristinnen-Blick, bei Matthias Ullrich, Diözesandatenschutzbeauftragter der ostdeutschen Bistümer, für die datenschutzrechtlichen Hinweise, bei Hubert Baalmann, Gewerkschaftssekretär der Kirchengewerkschaft, für die Tarifhinweise aus dem evangelischen Bereich und bei meiner Frau Ursula für die Zeit und die vielen kritischen Kommas.

Für Anregungen, Verbesserungsvorschläge und Rückmeldungen aus dem Kreis der Leserinnen und Leser bin ich dankbar. Bitte mailen Sie diese direkt an mail@ulirichartz.de.

Wesel, im März 2021
Ulrich Richartz

Inhalt

Erster Teil: Zeugnisse erstellen, lesen und verstehen — 9

I. **Plädoyer für gut geschriebene Arbeitszeugnisse** — 9

II. **Allgemeine Zeugnisgrundsätze** — 15
  1. Verständlichkeit — 15
  2. Klarheit — 15
  3. Wahrheit und Wohlwollen — 16
  4. Vollständigkeit — 17

III. **Die Zeitpunkte der Zeugniserstellung** — 19
  1. Das Endzeugnis — 20
  2. Das Zwischenzeugnis — 21
  3. Das vorläufige Zeugnis — 23

IV. **Zeugnisarten, Inhalte und Aufbau** — 25
  1. Das einfache Arbeitszeugnis — 26
     1.1 Inhalte und Aufbau — 26
     1.2 Tätigkeitsbeschreibung — 29
  2. Das qualifizierte Arbeitszeugnis — 31
     2.1 Inhalte und Aufbau — 32
     2.2 Leistungs- und Verhaltensbeurteilung — 32
     2.3 Einzelleistungsbewertungen — 33
     2.4 Gesamtleistungsbewertung — 39

V. **Die Bewertung von Arbeitsleistungen** — 41
  1. Leistungsentgelt im öffentlichen Dienst — 41
  2. Die Situation in der Kirche (am Beispiel der KAVO NRW) — 43
  3. „Schreiben lassen" als Risiko — 45
  4. Vereinfachung durch Schulnotensystem — 45

VI. Zeugnissprache und Zeugnistechniken — 47
1. Schönfärberei — 49
2. Geheime Codes — 49
3. Beredtes Schweigen — 51
4. Unzulässige Angaben und Sonderfälle — 53
   4.1 Krankheitszeiten — 56
   4.2 Elternzeit — 57
   4.3 Tätigkeit in der Mitarbeitervertretung — 58
5. Schlussformulierungen — 60
   5.1 Beendigungsgrund — 60
   5.2 Dankesformel — 63

VII. Formvorgaben für Zeugnisse — 67
1. Schriftformzwang und Unterschrift — 67
2. Zeugnisdatum — 69
3. Papierausdruck — 69
4. Rechtschreibung und Orthografie — 70
5. Zeugnisversand — 70

VIII. Durchsetzung des Zeugnisanspruchs — 73
1. Antragserfordernis und Verzicht — 73
2. Weisungsbefugnis des Zeugnisausstellers — 74
3. Ausschlussfristen und Verwirkung — 75
4. Bindungswirkung von Zeugnissen — 79
5. Haftungsfragen — 80
   5.1 Schadenersatzanspruch des Zeugnisempfängers — 80
   5.2 Schadenersatzanspruch des Arbeitgebers — 80
   5.3 Auskunftsanspruch des Arbeitgebers — 81
6. Gerichtliche Geltendmachung — 83

IX. Aufgaben der Mitarbeitervertretung — 87

Zweiter Teil: Musterzeugnisse für Kirche, Caritas und Diakonie   91

I. Allgemeine Hinweise   91

II. Zeugnisanalysen   93
1. Zwischenzeugnis einer Pflegefachkraft   94
2. Endzeugnis einer Erzieherin   99
3. Zwischenzeugnis einer Sozialpädagogin   105

III. Typische Zeugnisse aus Kirche, Caritas und Diakonie   113
1. Erzieherin / Gruppenleitung in einer Kita (Zwischenzeugnis), Caritas   115
2. Kita-Leitung (Endzeugnis), Katholische Kirche   118
3. Erzieherin / Gruppenleitung (Endzeugnis), Katholische Kirche   123
4. Erzieherin in einer Wohngruppe für Menschen mit Behinderungen (Endzeugnis), Diakonie   127
5. Verwaltungsleiterin (Zwischenzeugnis), Evangelische Kirche   130
6. Sachbearbeiterin in katholischer Fachhochschule (Endzeugnis)   135
7. Personalsachbearbeiterin im Krankenhaus (Endzeugnis), Caritas   138
8. Krankenschwester (Endzeugnis), Caritas   142
9. Altenpflegerin in einem katholischen Seniorenstift (Zwischenzeugnis), Ordenseinrichtung   145
10. Sekretärin in einem Hilfswerk (Zwischenzeugnis), Evangelische Kirche   149
11. Arzt im Krankenhaus (Zwischenzeugnis), Caritas   151
12. Haustechniker in einer Bildungsstätte der Diakonie (Endzeugnis)   155

Anhang: Arbeitshilfen für die Praxis   157
Übersicht zu den Rechtsgrundlagen   157
Muster für eine Klage auf Erteilung des Arbeitszeugnisses   166
Checkliste für Zeugnisaussteller   167
Checkliste für Zeugnisempfänger   169

Literatur   171

Zum Autor   172

Erster Teil:
Zeugnisse erstellen, lesen und verstehen

I. Plädoyer für gut geschriebene Arbeitszeugnisse

Arbeitszeugnissen kommt im Rahmen des Bewerbungsverfahrens um eine neue Arbeitsstelle eine große Bedeutung zu. Ein Zeugnis ist das **Aushängeschild** für die Bewerberin oder den Bewerber gegenüber einem potenziell neuen Arbeitgeber. Damit können Kandidaten zeigen, dass sie für das ausgeschriebene Stellenprofil geeignet sind.

Das Bundesarbeitsgericht hat bereits im Jahr 1972[1] festgestellt:
„Qualifizierte Zeugnisse dienen in erster Linie als Unterlage für neue Bewerbungen und zur Unterrichtung Dritter über die bisher ausgeübte Tätigkeit, die Leistung und Führung des Arbeitnehmers. Darüber hinaus haben sie aber auch für den Arbeitnehmer selbst eine Bedeutung; sie sind für ihn, der ein solches Zeugnis verlangt, Maßstab dafür, wie ihn der Arbeitgeber hinsichtlich seiner Leistung und Führung beurteilt."

Diese Aussagen haben bis heute nichts an ihrer Aktualität verloren. Sie gelten nicht nur für den staatlichen Bereich, sondern auch für **Mitarbeiterinnen und Mitarbeiter im kirchlichen Dienst.** Das Arbeitszeugnis ist ihre Visitenkarte für jede Bewerbung um einen anderen Arbeitsplatz. Mitarbeitende erhalten damit eine durch Dritte erstellte Bewertung ihrer erbrachten Arbeitsleistungen. Im Gegensatz zum Bewerbungs- oder Motivationsschreiben, das der Mitarbeiter regelmäßig selbst verfasst und daher seine „Innenansicht" subjektiv wiedergibt, stammt das Arbeitszeugnis von einer anderen Person. Es ist damit

---

[1] BAG, Urteil vom 8.2.1972, 1 AZR 189/71

diejenige Bewerbungsunterlage, die eine objektive „Außenansicht" der eigenen Leistung und des gezeigten Verhaltens bei der Arbeit **durch einen Dritten** vermittelt.

Gerade wegen dieser Sicht eines Dritten ist das Arbeitszeugnis von hoher Wichtigkeit bei der **personellen Besetzung einer zu vergebenden Arbeitsstelle.** Für einen potenziell neuen Dienstgeber sind die Zeugnisunterlagen der erste „objektive" Eindruck, den er von der Bewerberin oder dem Bewerber bekommt. Dienstgeber erhalten durch Zeugnisse eine Beschreibung der Arbeitsleistungen aus vorherigen Beschäftigungsverhältnissen. **Referenzen** erfüllen diese Funktion nicht. Sie unterliegen keinerlei Regeln, werden oft aus Höflichkeit geschrieben und entwerten dadurch das eigentliche Bewerbungsschreiben. Referenzen werden eher als freundliche Geste des Arbeitgebers angesehen, der bei der Stellensuche behilflich ist.[2] Denn wenn man auf eine Referenz angewiesen ist, scheinen der Rest der Bewerbung und insbesondere die vorgelegten Arbeitszeugnisse alleine nicht zu überzeugen.[3] Deshalb spielt das Arbeitszeugnis in aller Regel schon bei der **Vorauswahl der Bewerberinnen und Bewerber** durch die Personalabteilung eine große Rolle. Schlechte oder ungenügende Arbeitsleistungen bzw. fehlende (erwünschte) Tätigkeiten fallen hier direkt negativ auf.

Zwar hat ein bekannter Arbeitsrechtler[4] angezweifelt, dass dem Arbeitszeugnis heute noch diese hohe Bedeutung beizumessen ist. Seine Kritik bezieht sich dabei auf die Tatsache, dass die Mehrzahl der in Deutschland erstellten Arbeitszeugnisse **nicht im Einklang mit den tatsächlich erbrachten Leistungen** der Arbeitnehmer steht. Zeugnisse fallen überwiegend besser als eigentlich nötig aus und kaum jemand glaubt solchen Arbeitszeugnissen noch. Viele Personalleiter oder potenzielle Vorgesetzte greifen deshalb zum Telefon und fragen nach, ob sich der Bewerber oder die Bewerberin im vorherigen Arbeitsverhältnis bewährt hat. Das ist rechtswidrig und verstößt gegen die

---

[2] Vgl. Schleßmann, Das Arbeitszeugnis, Rn. 10

[3] In diesem Sinn weiterführend: Slaghuis, Referenzen in der Bewerbung? Wer's nötig hat, www.bernd-slaghuis.de/karriere-blog/referenzen-bewerbung/ (zuletzt eingesehen am 15.3.2021)

[4] Vgl. Bauer, ArbRAktuell 2014, Seite 615 (Anm. zu BAG, Urteil vom 18.11.2014, 9 AZR 584/13)

datenschutzrechtlichen Bestimmungen, sofern die Einwilligung der Betroffenen nicht vorliegt (zum Auskunftsanspruch des Arbeitgebers ► Seite 81 ff. unter VIII. 5.3).

Die gelebte Praxis im Bewerbungsverfahren zeigt aber ein anderes Bild: Das Zeugnis stellt einen unverzichtbaren Teil der Bewerbungsunterlagen dar. Ohne Arbeitszeugnisse sind Bewerbungen fast chancenlos. Wer Arbeitszeugnisse unterschätzt und nur auf Assessment-Center oder andere Verfahren der Personalauswahl wie z. B. Online-Recruiting-Methoden setzt, bekommt zwar einen Eindruck von der Tagesform eines Bewerbers, aber eben nicht von einer kontinuierlichen Arbeitsleistung und einem konstanten Verhalten während der vorangegangenen Beschäftigungsverhältnisse.

Die hohe Bedeutung von Arbeitszeugnissen für Arbeitnehmerinnen und Arbeitnehmer wird durch **statistische Erhebungen**[5] unterstrichen: Im Jahr 2006 wurden fast 31.000 Zeugnisprozesse vor den deutschen Arbeitsgerichten geführt.[6] Die Zahl der Zeugnisrechtsstreitigkeiten dürfte in den vergangenen Jahren nicht weniger geworden sein. Anhaltspunkte dafür werden jedenfalls auch von Kritikern nicht vorgebracht.

Allerdings können die genannten Vorteile eines Arbeitszeugnisses und deren hohe Bedeutung nur dann zum Tragen kommen, wenn Arbeitszeugnisse auch **professionell erstellt** werden. Zeugnisse dürfen daher weder Über- noch Unterbewertungen enthalten und keine reinen „Gefälligkeitszeugnisse" sein. In einer empirischen **Studie der Ernst-Abbe-Hochschule Jena zur Zeugnispraxis in Deutschland**[7] kommen die Forscher zu dem Ergebnis, dass die Anfertigung von Arbeitszeugnissen in Deutschland über weite Strecken zu einem relativ sinnfreien Ritual mutiert ist. Es verursacht Zeit und Kosten, an einem hinreichenden Nutzen für die Personalauswahl müssen dagegen erhebliche Zweifel angemeldet werden:

---

[5] 2006 war das letzte Jahr der bundesweiten statistischen Erfassung.

[6] Vgl. Schleßmann, Das Arbeitszeugnis, Rn. 35 mit Verweis auf das Bundesarbeitsblatt des BMAS

[7] Grau / Watzka, Empirische Studie zur Zeugnispraxis in Deutschland, Ernst-Abbe-Hochschule Jena; einsehbar unter https://idw-online.de/de/news648654 (zuletzt eingesehen am 15.3.2021)

- Nur noch gut 7 % der Zeugnisse werden individuell angefertigt. Dominierende Hilfsmittel sind PC-gestützte Zeugnisgeneratoren (ca. 42 %), selbst erstellte Textbausteine (ca. 27 %) und Textbausteine aus Literatur / Internet (24 %). Viel spricht also für eine „schablonenhafte Erstarrung" des Arbeitszeugnisses, die der Individualität der zu Beurteilenden nur sehr eingeschränkt gerecht wird.
- Fast 50 % der Zeugnisersteller haben keinerlei Schulung für ihre Tätigkeit erhalten (in kleinen Unternehmen sogar 80 %). Zeugnisabfassung gilt also weithin als "gottgegebene Gabe", die keiner Vorkenntnisse bedarf.
- Als gravierendste Probleme geben Zeugnisersteller selbst den Konflikt zwischen „Wahrheit und Wohlwollen" an und die mangelnde „Individualität des Zeugnisses".

Abschließend soll auf den wahren **Fall einer Erzieherin** verwiesen werden, die bei mehreren KiTa-Trägern keine Arbeitszeugnisse vorgelegt hatte und dennoch eingestellt wurde. Sie stand laut Pressemitteilungen[8] im Verdacht, während der Ausübung ihrer Beschäftigung ein damals zweijähriges, in ihrer Obhut stehendes Mädchen in seinem Mittagsschlaf erstickt zu haben. Das Kind konnte zwar von Rettungskräften reanimiert werden, verstarb aber zwei Wochen später an einem durch Sauerstoffmangel ausgelösten Hirnschaden.

Die Erzieherin wurde angeklagt und vom Landgericht Mönchengladbach wegen Mordes zu lebenslanger Haft verurteilt. Das Landgericht sprach die Erzieherin mit Urteil vom 5. März 2021 schuldig. Außerdem stellten die Richter die besondere Schwere ihrer Schuld fest. Die Frau wurde zudem wegen der Misshandlung von Schutzbefohlenen in zwei Fällen verurteilt.[9]

Nach den strafprozessrechtlichen Ermittlungen war sie in den vorangegangenen Arbeitsverhältnissen aufgrund schlechter Arbeitsleistungen zumeist nach kurzer Zeit entlassen worden und hatte diese Kündigungen verschwiegen. Anscheinend galt die Verurteilte bei Vorgesetzten und Kollegen als für den Beruf der Erzieherin nicht geeignet, ihr habe die Empathie für Kinder gefehlt. Trotz fehlender Arbeitszeugnisse und schlechter Ausbildungsnoten war

---

[8] Vgl. z. B. Rheinische Post vom 19.6.2020, Süddeutsche Zeitung vom 17.11.2020

[9] Vgl. Rheinische Post vom 6.3.2021

I. Plädoyer für gut geschriebene Arbeitszeugnisse

sie eingestellt worden. *„Ein Arbeitszeugnis ist essenziell. Wie kann eine Erzieherin eingestellt werden, die keine vollständige Bewerbungsmappe vorlegt?"* wird der SPD-Landtagsabgeordnete Frank Müller bei einer Beratung im Familienausschuss des Landtages von Nordrhein-Westfalen zitiert.[10] Auch die vielen Stellenwechsel hätten aus seiner Sicht Fragen aufwerfen müssen.

Hätten vorgelegte Arbeitszeugnisse hier unter Umständen Schlimmeres verhindern können?

Für den Bürgermeister der Stadt Kempen, Volker Rübo, in deren Kindergarten die Erzieherin ebenfalls gearbeitet hatte, ist jedenfalls klar, man müsse in Zukunft mehr darauf drängen, dass Arbeitszeugnisse vorgelegt werden, wenn Erzieher neu eingestellt werden. Dann werde man mehr über die Person in Erfahrung bringen können.[11]

 Das Wichtigste im Überblick:

Die Vorteile von Arbeitszeugnissen können nur dann zum Tragen kommen und deren hohe Bedeutung unter Beweis stellen, wenn sie professionell erstellt werden. Zeugnisse dürfen daher weder Über- noch Unterbewertungen enthalten und keine reinen „Gefälligkeitszeugnisse" sein. Wird diese Vorgabe erfüllt, dann sind Arbeitszeugnisse weiterhin die wichtigste Unterlage im Bewerbungsverfahren!

---

[10] Bericht in der Rheinischen Post vom 19.6.2020
[11] Vgl. dazu: www.rtl.de/cms/kindesmisshandlung-in-viersen-stadt-kempen-raeumt-vier-fruehere-vorfaelle-mit-der-erzieherin-ein-4551435.html (zuletzt eingesehen am 15.3.2021)

II. Allgemeine Zeugnisgrundsätze

Für die Erstellung von Arbeitszeugnissen gelten allgemeine Grundsätze, die entweder gesetzlich festgeschrieben sind oder sich aus der Rechtsprechung entwickelt haben.

1. Verständlichkeit

Der Grundsatz der Verständlichkeit von Arbeitszeugnissen ergibt sich bereits aus der Gewerbeordnung (GewO). § 109 GewO enthält einen gesetzlich verankerten Anspruch auf Zeugniserteilung und gilt für alle Arbeitnehmer. Darüber hinaus enthält diese Vorschrift aber auch Vorgaben zu Form und Inhalten von Zeugnissen.

§ 109 Abs. 2 GewO lautet:
„*Das Zeugnis muss klar und verständlich formuliert sein. Es darf keine Merkmale oder Formulierungen enthalten, die den Zweck haben, eine andere als aus der äußeren Form oder aus dem Wortlaut ersichtliche Aussage über den Arbeitnehmer zu treffen.*"

Arbeitszeugnisse müssen danach in einer verständlichen Form abgefasst werden. Der Mitarbeitende, ein potenziell neuer Dienstgeber oder die Personalsachbearbeitung müssen die Aussagen des Zeugnisses verstehen können, es geht schließlich um die Bewertung einer Arbeitsleistung.

2. Klarheit

Arbeitszeugnisse sollen nach § 109 Abs. 2 Satz 1 GewO nicht nur verständlich geschrieben werden, sondern auch klar gegliedert sein. Sie müssen deutlich machen, an welchen Stellen die erwähnte Leistung des Arbeitnehmers nicht gut bewertet und an welchen Stellen sie gut bewertet wurde. Gemäß § 109

Abs. 2 Satz 2 GewO darf ein Zeugnis auch keine unklaren Formulierungen enthalten, durch die der Arbeitnehmer anders beurteilt werden soll, als dies aus dem Zeugniswortlaut ersichtlich ist.[1]

Aus diesem Gebot der Zeugnisklarheit folgt weiter, dass das Zeugnis nicht in sich widersprüchlich sein darf.[2] Sollten also in den Einzelbewertungen der Arbeitsleistungen durchgehend gute bis sehr gute Bewertungen aufgeführt worden sein, darf die Gesamtleistungsbewertung nicht durchschnittlich oder unterdurchschnittlich ausfallen.

3. Wahrheit und Wohlwollen

In der Zeugnispraxis ist zu beobachten, dass es eine Gratwanderung gibt zwischen dem Gebot, dass Arbeitszeugnisse der Wahrheit entsprechen müssen und dem Grundsatz, dass Arbeitszeugnisse wohlwollend zu formulieren sind.

Diesen **Zielkonflikt zwischen Wahrheit und Wohlwollen** hat das Bundesarbeitsgericht bereits in seiner Entscheidung aus dem Jahr 1960[3] erkannt und dazu wie folgt Stellung genommen:
„Diese beiden Grundsätze schließen sich nicht aus, sie begrenzen sich gegenseitig, aber dem Gebot der Wahrheit ist Priorität eingeräumt".
Das Bundesarbeitsgericht spricht in seiner ständigen Rechtsprechung[4] insoweit vom „verständigen Wohlwollen". Arbeitszeugnisse sollen von einem *„verständigem Wohlwollen gegenüber dem Arbeitnehmer getragen sein und ihm das weitere Fortkommen nicht ungerechtfertigt erschweren".* Der Arbeitgeber darf und muss wahre Tatsachen und Beurteilungen insoweit in das Zeugnis aufnehmen, als ein künftiger Arbeitgeber hieran ein berechtigtes und verständiges Interesse haben kann.[5]

---

[1] Vgl. dazu auch BAG, Urteil vom 15.11.2011, 9 AZR 386/10
[2] Vgl. LAG Rheinland-Pfalz, Urteil vom 21.8.2012, 3 Sa 234/12
[3] Vgl. BAG, Urteil vom 23.6.1960, 5 AZR 560/58
[4] Vgl. z. B. BAG, Urteil vom 21.6.2005, 9 AZR 352/04, Urteil vom 11.12.2012, 9 AZR 227/11
[5] BAG, Urteil vom 26.11.1963, VI ZR 221/62

Diese eigentliche Selbstverständlichkeit wird durch das versuchte „Wohlwollen" in der heutigen Personalpraxis häufig durchkreuzt. Das Zeugnis soll dem beruflichen Aufstieg nicht im Wege stehen. Das heißt aber nicht, dass alle Vorfälle und Störungen negativer Art, die im Arbeitsverhältnis vorgekommen sind, weggelassen werden dürfen. Denn ein Arbeitszeugnis muss wahrheitsgemäß sein.

Reine Gefälligkeitszeugnisse dienen weder dem Arbeitnehmer noch dem künftigen Arbeitgeber. Reines Wohlwollen kann zum Schadenersatz führen, wenn der Vorrang der Wahrheit missachtet wird und der neue Arbeitgeber durch eine gravierende Unrichtigkeit im Zeugnis einen Schaden erleidet.[6] Der Grundsatz des „Wohlwollens" ist daher im Sinn des Gesagten mit Vorsicht zu genießen und darf im Ergebnis nicht zu falschen Aussagen führen!

4. Vollständigkeit

Arbeitszeugnisse müssen darüber hinaus vollständig sein. Sie sollen umfassend Auskunft geben über die Arbeitsleistung und das Verhalten des Mitarbeiters. Die Arbeitsleistung muss dabei in bestimmte Bereiche unterteilt werden. **Gegen ein unvollständiges Arbeitszeugnis können Arbeitnehmer klagen.** Es ist dem Zeugnisausstellenden daher dringend anzuraten, Arbeitszeugnisse von vornherein nach den Kriterien der Vollständigkeit auszustellen.

---

[6] Vgl. Schleßmann, Das Arbeitszeugnis, Rn. 233

> **Das Wichtigste im Überblick:**
>
> Zeugnisse müssen klar und verständlich sein. Für sie gilt einerseits das Gebot der Wahrheit, das heißt der Zeugnisinhalt darf nur wahre Tatsachen und Beurteilungen enthalten. Andererseits sollen Zeugnisse wohlwollend formuliert werden, also solche Formulierungen vermeiden, die Mitarbeitende an ihrem beruflichen Fortkommen hindern könnten.
>
> In diesem Zielkonflikt gibt die Rechtsprechung der Wahrheitspflicht den Vorrang: Wenn und soweit ein künftiger Arbeitgeber ein berechtigtes Interesse an grundlegenden Zeugnisaussagen hat, steht die Richtigkeit dieser Aussagen über dem Gebot der wohlwollenden Formulierung. Wie sich dies in der Praxis auf die Zeugnissprache auswirkt, wird detailliert ab Seite 47 unter VI. Zeugnissprache und Zeugnistechniken beschrieben.

III. Die Zeitpunkte der Zeugniserstellung

Der klassische Fall für die Erteilung eines Arbeitszeugnisses ist die Beendigung des Arbeitsverhältnisses.

Insoweit legt § 109 Abs. 1 Satz 1 GewO als allgemeine gesetzliche Anspruchsgrundlage fest:
„Der Arbeitnehmer hat bei Beendigung eines Arbeitsverhältnisses Anspruch auf ein schriftliches Zeugnis."

Im Tarifvertrag für den öffentlichen Dienst (TVöD), an dessen Vorschriften sich auch viele Arbeitsrechtsregelungen in Kirche, Caritas und Diakonie orientieren, werden in § 35 TVöD **drei maßgebliche Zeitpunkte** für den Zeugnisanspruch genannt:

„§ 35 Zeugnis

(1) Bei Beendigung des Arbeitsverhältnisses haben die Beschäftigten Anspruch auf ein schriftliches Zeugnis über Art und Dauer ihrer Tätigkeit, das sich auch auf Führung und Leistung erstrecken muss (Endzeugnis).

(2) Aus triftigen Gründen können Beschäftigte auch während des Arbeitsverhältnisses ein Zeugnis verlangen (Zwischenzeugnis).

(3) Bei bevorstehender Beendigung des Arbeitsverhältnisses können die Beschäftigten ein Zeugnis über Art und Dauer ihrer Tätigkeit verlangen (vorläufiges Zeugnis)."

Dementsprechend ist für den Zeitpunkt der Zeugniserstellung auch zwischen den **drei folgenden Zeugnisarten** Endzeugnis (1.), Zwischenzeugnis (2.) und vorläufiges Zeugnis (3.) zu unterscheiden (► Seite 20 ff.).

1. Das Endzeugnis

Ein Endzeugnis ist dem Mitarbeitenden auszustellen, wenn er endgültig **aus dem Arbeitsverhältnis ausscheidet.** Das ist gerade nicht der Fall, wenn das Arbeitsverhältnis nicht beendet wird, sondern nur ruht (z. B. bei Eltern- oder Pflegezeit, Sabbatical etc.). In diesen Fällen der Arbeitsunterbrechung kann ein Zwischenzeugnis in Betracht kommen (→ Seite 21 f. unter 2.).

Das Endzeugnis ist **am Tag der Beendigung** des Arbeitsverhältnisses auszuhändigen. Dazu muss der Dienstgeber das Arbeitszeugnis in seiner Einrichtung für den Mitarbeiter oder die Mitarbeiterin zur Abholung bereithalten. Rechtsgrundlage dafür ist § 269 Abs. 2 BGB. Die Zeugnisschuld ist also grundsätzlich eine **Holschuld.**[1] Der Mitarbeiter muss seine Arbeitspapiere, zu denen auch das Arbeitszeugnis gehört, bei seinem (ehemaligen) Dienstgeber abholen. Natürlich kann der Dienstgeber dem Mitarbeiter das Arbeitszeugnis auch postalisch übersenden oder ihm persönlich überreichen. Daran ist er durch § 269 BGB nicht gehindert.

Im Einzelfall kann der Dienstgeber verpflichtet sein, dem Mitarbeiter das Arbeitszeugnis nachzuschicken.[2] Verpasst der Dienstgeber die pünktliche Übergabe bzw. Übersendung des Arbeitszeugnisses an den Mitarbeiter, weil er das Endzeugnis nicht rechtzeitig ausstellt und es dem Mitarbeiter nicht mehr am letzten Tag des Arbeitsverhältnisses überreichen kann, wird die Holschuld zur **Bringschuld.** Das heißt, in diesem Fall ist der Dienstgeber verpflichtet, das Zeugnis dem Mitarbeiter „zu bringen". Er hat ihm dann das Zeugnis postalisch zu übersenden oder persönlich zuzustellen. Dies kann durch einen Bevollmächtigten des Dienstgebers geschehen.

Es gibt auch die Möglichkeit, dass aus der Holschuld aufgrund der Fürsorgepflicht des Arbeitgebers eine **Schickschuld** wird. Dieser Fall tritt beispielsweise ein, wenn der Dienstgeber es verpasst hat, einer Mitarbeiterin das Arbeitszeugnis pünktlich auszustellen und diese am nächsten Tag an einen

---

[1] BAG, Urteil vom 8.3.1995, 5 AZR 848/93
[2] BAG, a. a. O.

weiter entfernten Ort umzieht. Dann ist es dem Dienstgeber zuzumuten, ihr das Arbeitszeugnis zuzusenden. Erst mit dem Übersenden ist der Leistungsanspruch erfüllt.

Wenn der Arbeitgeber es verpasst, rechtzeitig das Zeugnis zu übergeben oder zu übersenden, kann das unter Umständen Schadenersatzansprüche auslösen: *„Verletzt der Arbeitgeber schuldhaft seine Pflicht, dem Arbeitnehmer rechtzeitig ein ordnungsgemäßes Zeugnis zu erteilen, haftet er dem Arbeitnehmer für den Minderverdienst, der diesem dadurch entsteht, dass er bei Bewerbungen kein ordnungsgemäßes Zeugnis vorweisen kann."*[3]

2. Das Zwischenzeugnis

In begründeten Fällen können Mitarbeiterinnen und Mitarbeiter auch **im laufenden Arbeitsverhältnis** ein Zeugnis (Zwischenzeugnis) verlangen. Dies sehen § 35 Abs. 2 TVöD und ihm folgend mit ähnlicher Formulierung verschiedene kirchliche Regelungen vor, z. B. § 35 Abs. 2 Arbeitsvertragsrecht der bayerischen Diözesen (ABD) oder § 50 Abs. 2 Kirchliche Arbeits- und Vergütungsordnung (KAVO) Nordrhein-Westfalen.[4] Hier wird lediglich eine Begründung für die Ausstellung des Zwischenzeugnisses vom Arbeitnehmer erwartet. Dies ist in der Kirchlichen Dienstvertragsordnung (DVO) für die (Erz-) Bistümer Berlin, Dresden-Meißen, Erfurt, Görlitz, Hamburg und Magdeburg ebenso geregelt.

Die Erteilung eines Zwischenzeugnisses setzt nach der Rechtsprechung[5] das Vorliegen von „triftigen Gründen" voraus. Der Mitarbeitende muss also ein berechtigtes Interesse daran haben.

---

[3] LAG Hamburg, Urteil vom 25.1.1994, 2 Sa 98/93

[4] Nach § 20 Satz 2 Arbeitsvertragsrichtlinien des Deutschen Caritasverbandes (AVR Caritas) kann „in begründeten Fällen" ein vorläufiges Zeugnis verlangt werden; damit ist auch das Zwischenzeugnis gemeint.

[5] Grundlegend: BAG, Urteil vom 21.1.1993, 6 AZR 171/92

Insbesondere in folgenden Fallkonstellationen ist der Anspruch auf ein Zwischenzeugnis anerkannt:

- Dem Mitarbeiter wurde eine Kündigung in Aussicht gestellt.
- Der Vorgesetzte wechselt.[6]
- Der Mitarbeiter möchte sich um eine neue Stelle bewerben.[7]
- Das Zeugnis wird zur Vorlage bei Gericht oder einer Behörde benötigt.[8]
- Es erfolgen strukturelle Änderungen in der Einrichtung.[9]
- Es treten persönliche Veränderungen beim Mitarbeiter ein.[10]
- Es erfolgt ein Betriebsübergang im Sinn des § 613a BGB.
- Die Mitarbeiterin soll versetzt werden.
- Der Mitarbeiter benötigt das Zwischenzeugnis für den Besuch einer Fach- oder Hochschule oder für Fortbildungskurse.
- Es tritt eine geplante längere Arbeitsunterbrechung ein, z. B. ein Sabbatical oder eine Pflegezeit.
- Die individuelle Arbeitszeit ändert sich, beispielsweise bei der Reduzierung der Arbeitszeit von Vollzeit auf Teilzeit und damit ist ein Wegfall bestimmter Arbeitsaufgaben verbunden. Unter Umständen kann das auch bei längerer **Kurzarbeit** so sein, wenn Arbeitsaufgaben für längere Zeit entfallen.

Nicht als triftigen Grund anerkannt hat das Bundesarbeitsgericht[11] das Verlangen nach einem Zwischenzeugnis als Beweismittel des Mitarbeiters in einem Höhergruppierungsprozess. Kein Anspruch auf Ausstellung eines Zwischenzeugnisses besteht auch bei Beendigung der Probezeit und anschließender Fortsetzung des Arbeitsverhältnisses.[12]

---

[6] BAG, Urteil vom 1.10.1998, 6 AZR 176/97
[7] BAG, Urteil vom 21.1.1993, 6 AZR 171/92
[8] BAG, a. a. O.
[9] BAG, a. a. O.
[10] BAG, a. a. O.
[11] Vgl. BAG, Urteil vom 21.1.1993, 6 AZR 171/92 (zu § 61 Abs. 2 BAT)
[12] Schleßmann, Das Arbeitszeugnis, Rn. 537

3. Das vorläufige Zeugnis

Während des Laufens einer Kündigungsfrist oder während eines Kündigungsschutzprozesses **nach einer Kündigung durch den Dienstgeber** oder eines **Befristungskontrollprozesses** (das ist ein Verfahren zur Klärung, ob eine vertragliche Befristung unwirksam ist und damit ein unbefristetes Arbeitsverhältnis vorliegt) haben Mitarbeitende Anspruch auf ein dem Zwischenzeugnis verwandtes vorläufiges Zeugnis. Das vorläufige Zeugnis wird dann ausgestellt, wenn dem Arbeitnehmer gekündigt wird, die Kündigungsfrist noch länger andauert und er das vorläufige Zeugnis für die Bewerbung bei anderen Arbeitgebern benötigt.[13]

In **§ 37 Abs. 1 Arbeitsvertragsrichtlinien der Diakonie** (AVR Diakonie)[14] heißt es dazu:
„Bei Kündigung hat die Mitarbeiterin bzw. der Mitarbeiter Anspruch auf unverzügliche Ausstellung eines vorläufigen Zeugnisses über Art und Dauer seiner Tätigkeit. Dieses Zeugnis ist bei Beendigung des Dienstverhältnisses sofort gegen ein endgültiges Zeugnis umzutauschen, das sich auf Antrag auch auf Führung und Leistung erstrecken muss."

Genau dieser Fall ist mit dem vorläufigen Zeugnis gemeint. Der Anspruch entsteht „bei Beendigung" des Arbeitsverhältnisses, das heißt bereits dann, wenn aufgrund ordentlicher Kündigung, Ende der Befristung oder aufgrund eines Aufhebungsvertrags die Beendigung des Arbeitsverhältnisses absehbar ist.[15]

So wie es im Bereich der AVR Diakonie ausdrücklich geregelt ist, muss die Ausstellung des vorläufigen Zeugnisses stets „unverzüglich" erfolgen. Eine kurze Bearbeitungsdauer von wenigen Tagen ist für den Dienstgeber zumutbar. Dies gilt umso mehr, als dass das vorläufige Zeugnis stets als „einfaches"

---

[13] BAG, Urteil vom 4.11.2015, 7 AZR 933/13
[14] Ähnliche Formulierungen finden sich auch in anderen kirchlichen Regelungen, z. B. § 34 Abs. 3 BAT-KF, § 50 Abs. 3 KAVO NRW.
[15] Joussen in: Das Arbeits- und Tarifrecht der Evangelischen Kirche, Seite 309

Zeugnis ausgestellt wird, sich also nicht auf die Beurteilung der Leistung des Mitarbeitenden erstreckt. Dies bleibt dem Endzeugnis als so genanntes „qualifiziertes Zeugnis" vorbehalten.

 Das Wichtigste im Überblick:

Nach dem Zeitpunkt der Zeugniserstellung wird unterschieden zwischen Endzeugnissen, Zwischenzeugnissen und vorläufigen Zeugnissen. Das Endzeugnis ist dem Mitarbeitenden am Tag der Beendigung des Arbeitsverhältnisses auszuhändigen. Es ist grundsätzlich beim Dienstgeber abzuholen. Ein vorläufiges Zeugnis wird ausgestellt, wenn dem Mitarbeiter gekündigt wurde, die Kündigungsfrist noch länger andauert und der Mitarbeiter ein Zeugnis für seine Bewerbung bei anderen Arbeitgebern benötigt. In begründeten Fällen können Mitarbeiterinnen und Mitarbeiter im laufenden Arbeitsverhältnis ein Zwischenzeugnis verlangen.

IV. Zeugnisarten, Inhalte und Aufbau

Gemäß § 109 Abs. 1 Satz 2 Gewerbeordnung (GewO) müssen Arbeitszeugnisse mindestens Angaben zu **Art und Dauer der Tätigkeit** enthalten. Der Gesetzgeber bezeichnet ein Arbeitszeugnis, das diese Mindestanforderungen erfüllt, als „einfaches Zeugnis". Dazu heißt es in der Gesetzesbegründung[1]: *„Das Zeugnis muss neben den Angaben über die Person und dem Ausstellungsdatum auch eine möglichst genaue und vollständige Beschreibung der bisherigen Tätigkeiten und den Aufgabenbereich der Beschäftigten enthalten."*

Auf Verlangen ist dem Arbeitnehmer ein Zeugnis auszustellen, dessen Angaben sich darüber hinaus auf Leistung und Verhalten im Arbeitsverhältnis erstrecken. Dies bestimmt § 109 Abs. 1 Satz 3 GewO. Enthält das Zeugnis zusätzlich zur Tätigkeitsbeschreibung eine solche **Leistungs- und Verhaltensbeurteilung,** dann handelt es sich in Abgrenzung zum einfachen Zeugnis um ein so genanntes „qualifiziertes Zeugnis".

Mitarbeiterinnen und Mitarbeiter müssen sich vor Beantragung ihres Zeugnisses für eine dieser beiden Zeugnisarten entscheiden. Sie haben keinen Anspruch auf die Übersendung eines einfachen und eines qualifizierten Arbeitszeugnisses.[2] Die Bearbeitungszeit für ein einfaches Zeugnis beträgt ein bis zwei Tage. Ein qualifiziertes Zeugnis ist innerhalb von 2 bis 3 Wochen auszustellen.[3]

Der Aufbau und die jeweiligen Inhalte dieser beiden Zeugnisarten werden im Folgenden erläutert.

---

[1] Bundestags-Drucksache 14/8796 vom 17.4.2002, Seite 25
[2] LAG Chemnitz, Urteil vom 26.3.2003, 2 Sa 875/02
[3] LAG Hamburg, Urteil vom 25.1.1994, 2 Sa 98/93

1. Das einfache Arbeitszeugnis

1.1 Inhalte und Aufbau

Das einfache Arbeitszeugnis enthält folgende notwendige Angaben in der hier angegebenen Reihenfolge:

Statusdaten (Persönliche Daten)
In den Statusdaten werden Vorname, Familienname, Beruf und ggf. akademische Grade oder Titel („Dr." „Prof." „Dipl. Soz. Arb" usw.) des Zeugnisempfängers genannt. Umstritten ist, ob bei den Statusdaten auch das **Geburtsdatum** genannt werden soll. Einerseits dient diese Nennung der sicheren Identifikation der Person, andererseits könnte sie eine Benachteiligung wegen des Lebensalters und damit eine Diskriminierung nach dem Allgemeinen Gleichbehandlungsgesetz (AGG) darstellen. Diese ist aber schon deshalb nicht sicher auszuschließen, da anhand von Ausbildungs- und Beschäftigungszeiten das Lebensalter annähernd aus dem Zeugnis ablesbar ist.[4] Der **Geburtsort** gehört eigentlich nicht zu den Personalien, wird aber in vielen Fällen in der Praxis angegeben.

Art der Beschäftigung
Hier wird die ausgeübte Beschäftigung genannt, die sich aus der Berufsbezeichnung nicht unmittelbar ergibt.

 Beispiel

„Herr Mustermann wurde als Heilerziehungspfleger in einer Gruppe von männlichen Jugendlichen im Alter von 13 bis 16 Jahren eingesetzt."

---

[4] Schleßmann, Das Arbeitszeugnis, Rn. 473 mit Verweis auf Erfurter Kommentar / Müller-Glöge, Rn. 13 und Münchener Handbuch zum Arbeitsrecht / Wank, Rn. 13; verneinend: Arbeitsrecht im BGB / Eisemann, Rn. 29 mit weiteren Nachweisen

Dauer des Arbeitsverhältnisses mit Ein- und Austrittsdatum
Hier sind der Beginn und das Ende des Arbeitsverhältnisses[5] und ggf. längere Unterbrechungen[6] anzugeben.

Berufsbezeichnung, Hierarchie im Betrieb und ggf. ausgestellte Vollmachten / Prokura
Die Stellung im Betrieb könnte beispielsweise so formuliert werden:

Beispiel

„Frau Musterfrau war als Bereichsleiterin ‚Jugendhilfe' direkt dem Vorstand unterstellt und konnte im Rahmen ihrer Tätigkeit mit dem örtlichen Jugendamt individuelle Vereinbarungen zur Unterbringung von Jugendlichen treffen."

Tätigkeitsbeschreibung mit chronologischer Entwicklung
Die Art der Tätigkeit ist im Zeugnis möglichst genau und in branchenüblicher Weise zu bezeichnen.[7] Bei der Tätigkeitsbeschreibung braucht zwar nicht jede einzelne Aufgabe tatsächlich benannt zu werden. Das Zeugnis sollte allerdings die erbrachten Tätigkeiten für den Zeugnislesenden klar zum Ausdruck bringen. Die Angabe des Berufs allein ist dafür nicht ausreichend. Ebenso wenig reichen Sammelbeschreibungen von Aufgabengebieten dann aus, wenn der Arbeitnehmer innerhalb eines allgemeinen Aufgabengebiets eine besondere, als solche in den einschlägigen Berufskreisen anerkannte Spezialaufgabe zu bewältigen hatte.

Teilnahme an Fortbildungsmaßnahmen
Wichtige Fort- und Weiterbildungsmaßnahmen, die ein Arbeitnehmer im Rahmen seiner beruflichen Tätigkeit absolviert hat, sollten auf jeden Fall im

---

[5] Das Beendigungsdatum ist der letzte Tag des rechtlichen Bestehens des Beschäftigungsverhältnisses.

[6] Die (un)zulässigen Zeugnisangaben zu Unterbrechungen werden als Sonderfälle auf Seite 53 (VI. Zeugnissprache und Zeugnistechniken) dargestellt.

[7] Vgl. dazu LAG Hamm, Urteil vom 27.2.1997, 4 Sa 1691/96

Zeugnis erwähnt werden. Liegen diese Fortbildungen bereits länger zurück und haben sie keine Auswirkungen mehr auf künftige Beschäftigungen, sollten sie unerwähnt bleiben. Eine zeitliche Abgrenzung ist allerdings schwierig.[8] Für rein private Fortbildungen, die nicht im Rahmen des Arbeitsverhältnisses veranlasst, gefördert oder unterstützt wurden, gibt es keinen Anspruch auf Nennung, da im Arbeitszeugnis nur über das Arbeitsverhältnis Auskunft gegeben wird.

Gründe der Beendigung des Arbeitsverhältnisses
Die Angabe zum Beendigungsgrund wird ab Seite 60 thematisiert.

Schlussformel
Schlussformulierungen in Arbeitszeugnissen sind oft Streitgegenstand. Sie werden deshalb ebenfalls gesondert ab Seite 60 ausführlich behandelt.

Ort, Datum, Unterschrift
Ausführungen zu diesen und weiteren Formerfordernissen sind ab Seite 67 detailliert dargestellt.

 Beispiel

Arbeitszeugnis

Herr Martin Mustermann, geboren am 10. Juli 1980 in Borkenholt, war in unserer Einrichtung vom 1. Januar 2016 bis zum 31. Dezember 2018 als Altenpfleger beschäftigt und mit folgenden Aufgaben betraut:

- *Durchführung der Grund- und Behandlungspflege,*
- *Steuerung des Pflegeprozesses für die ihm anvertrauten Bewohner,*
- *Dokumentation der erbrachten Leistungen in der EDV gestützten Pflegedokumentation,*
- *Vorbereitung und Verteilung der Mahlzeiten an die Bewohner.*

---

[8] Schleßmann, Das Arbeitszeugnis, Rn. 254

Herr Mustermann war zuerst in der Station 1 mit Bewohnern der Pflegegrade 1 und 2 eingesetzt. Nach einem Jahr wurde Herr Mustermann auf der Station 3 mit Bewohnern des Pflegegrades 5 beschäftigt. Dort wurde er nach sechs Monaten zur stellvertretenden Stationsleitung ernannt.

Folgende Fortbildungen hat Herr Mustermann absolviert:
- *Betreuung und Begleitung von Patienten im Wachkoma*
- *Tracheostomapflege (2-tägig)*
- *Behandlungspflege und Krankenbeobachtung (Teil I)*
- *Praktische Unterweisung und Umgang mit Notfallsituationen (Teil II)*
- *Biographiegestützte therapeutische Arbeit, u. a. mit Anwendungen von Techniken der basalen Stimulation und Kinesthetik.*

Herr Martin Mustermann verlässt unsere Einrichtung auf eigenen Wunsch. Wir bedanken uns für seine Mitarbeit und wünschen ihm auf seinem weiteren Berufs- und Lebensweg alles Gute.

Ort, Datum
Unterschrift

1.2 Tätigkeitsbeschreibung

Da es keine qualifizierte Aussage über einzelne Leistungen gibt, weist das einfache Arbeitszeugnis einen hohen Grad an Objektivität auf.

Bei der Tätigkeitsbeschreibung haben Arbeitgeber einen weit **geringeren Beurteilungsspielraum als bei der Leistungsbeurteilung** (▶ Seite 32 ff.). Nach der Rechtsprechung des Bundesarbeitsgerichts[9] muss ein Arbeitszeugnis die Tätigkeiten, die ein Arbeitnehmer im Lauf des Arbeitsverhältnisses ausgeübt hat, so vollständig und genau beschreiben, dass sich künftige Arbeitgeber ein klares Bild davon machen können. Das betrifft beispielsweise eine

---

[9] BAG, Urteil vom 12.8.1976, 3 AZR 720/75

Beratertätigkeit gegenüber ausländischen Konzernstellen sowie die Aufgabenwahrnehmung als Stellvertreter des Abteilungsleiters. Unerwähnt dürfen solche Tätigkeiten nur insoweit bleiben, als dass ihnen bei einer Bewerbung keine Bedeutung zukommt.[10]

Es sollen also diejenigen Tätigkeiten benannt werden, die einen nennenswerten Anteil an der Arbeitszeit haben und über die Bewertungen und Urteile gefällt werden können. Besonders hervorzuheben sind Tätigkeiten, die für das berufliche Fortkommen wichtig sind und eine möglicherweise zeitliche Abfolge bei wechselnden Aufgabengebieten.

▶ **Beispiele**

Für Einzeltätigkeiten wie Briefe falten und in Umschläge verpacken, Briefe kuvertieren und zur Post geben usw. reichen Sammelbegriffe wie „Postversand". Wenn eine Ärztin während ihrer Arbeitszeit in der Forschung einer Klinik (auch dienstlich) Aufsätze in Fachzeitschriften veröffentlicht, gehört eine (vollständige) Liste dieser Aufsätze dennoch nicht in das Arbeitszeugnis. Solche Listen können im Bewerbungsverfahren besser als Anhang zur Bewerbung mitgeschickt werden. Ein Hinweis auf diese Veröffentlichungen sollte hingegen schon in das Arbeitszeugnis einfließen.

Die lediglich **stichwortartige Aufzählung** der dem Arbeitnehmer übertragenen Aufgaben in einem qualifizierten Arbeitszeugnis ist aber für sich genommen noch kein Anzeichen dafür, dass der Arbeitgeber sich im Zeugnis konkludent abwertend über seinen Arbeitnehmer äußern will.[11] Denn insbesondere in kleineren Betrieben trifft man häufig in dieser Art gestaltete Zeugnisse an. Eine stichwortartige Aufzählung, die den wesentlichen Inhalt der anfallenden Aufgaben zusammenfasst, wird daher in diesen Fällen von der Rechtsprechung[12] als ausreichend angesehen.

---

[10] Vgl. BAG, a. a. O.
[11] LAG Mecklenburg-Vorpommern, Urteil vom 2.4.2019, 2 Sa 187/18
[12] Vgl. LAG Köln, Urteil vom 27.7.2015, 2 Sa 284/15

Die **Merkmale von einfachen Arbeitszeugnissen** lassen sich wie folgt zusammenfassen:

- Das einfache Arbeitszeugnis enthält eine möglichst vollständige Tätigkeitsbeschreibung.
- Dabei ist die chronologische Entwicklung der Berufslaufbahn des Arbeitnehmers detailliert darzustellen. Dies gilt besonders bei entsprechend langen Beschäftigungszeiten.
- Wichtige, für das berufliche Fortkommen bedeutsame Fortbildungen sind aufzuführen.
- Besonders hervorzuhebende Spezialkenntnisse des Arbeitnehmers sind anzugeben.
- Es erfolgt keine Beurteilung von Leistung und Verhalten.

2. Das qualifizierte Arbeitszeugnis

Im Unterschied zum einfachen Arbeitszeugnis enthält das qualifizierte Arbeitszeugnis zusätzlich zur Tätigkeitsbeschreibung eine **Leistungsbeurteilung.** Darüber hinaus erfolgt nur im qualifizierten Arbeitszeugnis eine Beurteilung der persönlichen Führung **(Verhaltensbeurteilung).**

Nach dem Gesetz kann der Arbeitnehmer „verlangen", dass ihm ein (qualifiziertes) Zeugnis, dessen Angaben sich auf Leistung und Verhalten im Arbeitsverhältnis erstrecken, ausgestellt wird (vgl. § 109 Abs. 1 Satz 3 GewO).

Dies wird in den kirchlichen Vorschriften[13] zum Teil nachgebildet: Gemäß § 37 Abs. 1 Satz 2 Arbeitsvertragsrichtlinien (AVR) Diakonie erstrecken sich die Angaben im Endzeugnis nur **auf Antrag des Mitarbeitenden** auch auf Führung und Leistung. Dies ist in der KAVO Nordrhein-Westfalen sowie in der Dienstvertragsordnung im Bereich der Regional-KODA Nordost und im

---

[13] Die jeweils genannten Rechtsgrundlagen sind ab Seite 157 im Anhang dieses Buches mit dem Wortlaut der Vorschrift abgedruckt.

Arbeitsvertragsrecht der bayerischen Diözesen (ABD) ebenfalls so geregelt. Dagegen unterscheiden die Arbeitsvertragsrichtlinien des Deutschen Caritasverbandes in § 20 AVR Caritas nicht zwischen dem einfachen und dem qualifizierten Arbeitszeugnis.

2.1 Inhalte und Aufbau

Das qualifizierte Arbeitszeugnis enthält **zusätzlich zum einfachen Arbeitszeugnis** folgende notwendige Angaben:

- Statusdaten (Persönliche Daten)
- Art der Beschäftigung
- Dauer des Arbeitsverhältnisses mit Ein- und Austrittsdatum
- Tätigkeitsbeschreibung mit chronologischer Entwicklung
- Teilnahme an Fortbildungsmaßnahmen
- **Leistungsbeurteilung**
- **Führungsbeurteilung**
- Schlussformulierungen
- Ort, Datum, Unterschrift

2.2 Leistungs- und Verhaltensbeurteilung

In einem qualifizierten Arbeitszeugnis folgt also nach der Tätigkeitsbeschreibung, die auch das einfache Arbeitszeugnis enthält, eine **Leistungsbeurteilung.** Diese wird in mehrere Einzelleistungsbewertungen (2.3 ▶ Seite 33 ff.) und eine Gesamtleistungsbewertung (2.4 ▶ Seite 39 f.) aufgeteilt.

Die Bewertung von Leistung und Verhalten ist eine **subjektive Einschätzung.** Das Bundesarbeitsgericht[14] hat klargestellt, dass die Formulierung von Werturteilen in einem Zeugnis die Sache des Arbeitgebers ist. Die subjektive Einschätzung muss allerdings auch nach objektiven Gesichtspunkten vertretbar sein.

---

[14] Vgl. BAG, Urteil vom 12.8.1976, 3 AZR 720/75

Die Beurteilung hat sich auf die **Gesamtdauer des Arbeitsverhältnisses** zu erstrecken. Sie muss sich auf sämtliche Tätigkeiten und Funktionen beziehen[15]; entscheidend ist die Darstellung der Gesamtpersönlichkeit. Das Bundesarbeitsgericht hat zum Umfang der Leistungsbeschreibung festgestellt:
„Die Beschreibung der Leistung sollte beispielsweise Angaben über Fähigkeiten, Kenntnisse, Fertigkeiten, Geschicklichkeit und Sorgfalt sowie Einsatzfreude und Einstellung zur Arbeit einbeziehen."[16]

Die Beurteilung betrifft die Leistung und das Verhalten **des Arbeitnehmers,** nicht des Arbeitgebers.[17]

Bei der Beurteilung der Führung wird das allgemeine Verhalten, die Fähigkeit zur Zusammenarbeit, Vertrauenswürdigkeit, Verantwortungsbereitschaft und die Beachtung der betrieblichen Ordnung angesprochen.[18] Das Verhalten **im privaten Bereich** des Arbeitnehmers wird nicht beurteilt.

Die Schwierigkeit, „Arbeitsleistung" überhaupt beurteilen zu können sowie die dabei anzuwendende Methodik, wird detailliert ab Seite 41 (V. Die Bewertung von Arbeitsleistungen) dargestellt.

2.3 Einzelleistungsbewertungen

Die Einzelleistungsbewertungen unterteilen sich in folgende Bereiche:

Fachwissen
Unter diesem Stichwort wird beurteilt, was der Mitarbeitende an beruflicher Erfahrung, an Ausbildungskenntnissen und Ideenreichtum mitbringt. Es geht also darum, ob der Mitarbeiter oder die Mitarbeiterin über Fachkenntnisse

---

[15] LAG Hessen, Urteil vom 23.1.1968, 5 Sa 373/67

[16] Vgl. Entwurf eines Dritten Gesetzes zur Änderung der Gewerbeordnung und sonstiger gewerberechtlicher Vorschriften mit Begründung, Bundestags-Drucksache 14/8796, Seite 25

[17] Schleßmann, Das Arbeitszeugnis, Rn. 302 mit Verweis auf Münchener Handbuch zum ArbR / Wank, Rn. 23

[18] LAG Hamm, Urteil vom 17.12.1998, 4 Sa 630/98

verfügt und in welchem Ausmaß dieses Fachwissen (umfassend, vielseitig, solide, ausreichend, entwicklungsfähig) vorhanden ist. Zu bewerten ist also das theoretische Wissen, wogegen es beim Fachkönnen (siehe unten) um die Umsetzung dieses Wissens in konkrete Handlungen geht.

Auffassungsgabe und Problemlösungsfähigkeit
Unter „Problemlösungsfähigkeit" wird bewertet, ob ein Mitarbeitender Zusammenhänge oder Situationen schnell erfassen kann und inwieweit er in der Lage ist, für auftretende Probleme bei seiner Arbeit schnelle und gute Lösungen anzubieten. Schwierige Zusammenhänge können sich beispielsweise bei der Beurteilung einer familiären Situation für ein Kindergartenkind ergeben oder bei der Feststellung von Förderbedarf für ein Schulkind.
Als „Auffassungsgabe" bezeichnet man die Fähigkeit, das Wesentliche von Sachverhalten schnell und richtig zu erfassen und das erfasste Wissen effektiv zu verarbeiten. Hierbei geht es um die Fähigkeit, wesentliche und nicht wesentliche Informationen unterscheiden zu können und einen Sachverhalt so zu analysieren, dass das erworbene Erfahrungswissen dann auf weitere Situationen angewendet werden kann.

Leistungsbereitschaft und Eigeninitiative
Dabei geht es um den Fleiß, das Engagement und die eigene Initiative des Mitarbeitenden. Zu bewerten sind die „Einsatzfreude" und die „Einsatzbereitschaft", mit denen er an seinen Arbeitsbereich und die gestellten Aufgaben herangeht. Dabei fließt auch ein, ob der Mitarbeiter oder die Mitarbeiterin sich mit eigenen Ideen und Vorschlägen einbringt, ob er oder sie von sich aus die Initiative ergreift oder eher auf die Zuteilung neuer Arbeitsaufgaben durch den Vorgesetzten wartet.

Belastbarkeit
Unter diesem Stichwort wird bewertet, ob ein Mitarbeitender starkem oder auch stärksten Arbeitsanfall jederzeit oder teilweise oder nur im Wesentlichen gewachsen ist. Hier wird also die Stressbelastung bewertet. In vielen Berufen gibt es besonders stressbelastete Zeiten oder Situationen. Zu bewerten ist bei der Belastbarkeit, wie der Mitarbeiter mit solchen Situationen umgeht und sich dabei verhält.

Denk- und Urteilsvermögen

Das Denk- und Urteilsvermögen wird besonders in denjenigen Bereichen zur Bewertung herangezogen, in denen Mitarbeitende Sachverhalte beurteilen müssen, aus denen Entscheidungen abzuleiten sind. Das ist für Mitarbeiter mit einfachen ständig wiederkehrenden Verrichtungen teilweise nicht relevant.[19] Dagegen muss in Berufsfeldern, in denen medizinische oder erzieherische Aufgaben im Mittelpunkt stehen und ständig „Beurteilungen" erfolgen müssen, beispielsweise bei Kindesbeobachtungen, Förderbedarfsfeststellungen, medizinischen Sachverhalten usw. das Denk- und Urteilsvermögen in besonderer Weise beurteilt werden.

Zuverlässigkeit

Mit der Zuverlässigkeit wird die Arbeitsweise in einem Teilbereich (neben dem Fachkönnen) bewertet. Hier geht es um Genauigkeit und Verlässlichkeit. Darunter bewertet wird beispielsweise, ob getroffene Absprachen eingehalten und Arbeitsaufträge vereinbarungsgemäß erledigt werden. Es geht hier auch um die pünktliche Aufgabenerledigung und damit um die Frage, ob ein Mitarbeitender seine Arbeitsaufträge in der vorgegebenen Zeit erfüllt oder ob er wiederholt oder ständig Aufschub benötigt.

Fachkönnen

Beim Fachkönnen geht es in Abgrenzung zum Fachwissen um die „Beherrschung" des Arbeitsbereichs. Hier wird bewertet, ob der Mitarbeitende sein Aufgabengebiet sicher beherrscht, ob er für seinen Arbeitsbereich optimale Lösungen findet und jederzeit umsichtig, sorgfältig und rationell arbeitet oder ob er ständig beim Vorgesetzten oder anderen Mitarbeitenden Informationen über das Ausführen von Tätigkeiten einholen muss. Auch die selbstständige Arbeitsweise wird unter diesem Stichwort bewertet.

Führungsfähigkeit (nur für Führungskräfte)

Damit wird der persönliche Führungsstil einer Führungskraft in der Zusammenarbeit mit unterstellten Mitarbeitenden bewertet. Daher kann dieser Bereich nur bei solchen Mitarbeiterinnen und Mitarbeitern zum Tragen kommen, die Führungsaufgaben wahrnehmen. Bewertet wird die Autorität ihrer

---

[19] Huber / Müller, Das Arbeitszeugnis in Recht und Praxis, Seite 62

Führungskraft und damit die Fähigkeit, das Vertrauen der unterstellten Mitarbeitenden zu gewinnen, von ihnen anerkannt und geschätzt zu werden und sie zu guten Arbeitsleistungen zu führen.

Persönliche Führung
Im Rahmen der persönlichen Führung wird das „Sozialverhalten" von Mitarbeitenden bewertet. Aussagen über das Führungsverhalten sind wesentlich für ein Arbeitszeugnis und haben gerade in den letzten Jahren erheblich an Bedeutung gewonnen. Auch in der Bewerberauswahl wird mittlerweile zunehmend auf sogenannte „soft skills" geachtet. In Zeugnissen wird daher dieser Bereich der Einzelbewertung immer wichtiger. Hier geht es vor allem um die gute Zusammenarbeit mit Vorgesetzten und Kollegen als auch um das Verhalten gegenüber Klienten, Patienten, Bewohnern, Kindern und Besuchern. Bewertet werden darf grundsätzlich nur das dienstliche Verhalten.

Außerdienstliches Verhalten spielt nur dann eine Rolle, soweit es das dienstliche Verhalten beeinflusst.[20] Die „dienstliche Führung" ist beispielsweise durch privates Handeln betroffen, wenn ein Arbeitnehmer unbefugt ein Dienstfahrzeug seines Arbeitgebers in fahruntüchtigem Zustand zu einer Privatfahrt benutzt und deswegen strafgerichtlich verurteilt wird.[21] Die besondere Betonung der Bewertung ausschließlich des dienstlichen Verhaltens in einem Arbeitszeugnis kann beim Leser die Frage aufkommen lassen, ob der Verfasser des Zeugnisses etwas zum außerdienstlichen Verhalten des Arbeitnehmers zu sagen hätte, was ihn abqualifizieren könnte, was aber deswegen nicht ausgeführt wird, weil dessen Erwähnung im Zeugnis nichts zu suchen hat. Hat der Arbeitnehmer dazu aber keinen Anlass gegeben, so darf der Zeugnisverfasser seine Beurteilung nicht über eine unklare, missverständliche Formulierung beeinträchtigen. Ist die Formulierung in diesem Sinn unklar, ist sie aus dem Zeugnis zu entfernen.[22]

---

[20] Vgl. beispielsweise LAG Hamm, Urteil vom 27.2.1997, 4 Sa 1691/96 zur Verschwendungssucht bei einem Kassierer

[21] BAG, Urteil vom 29.1.1986, 4 AZR 479/84

[22] Vgl. LAG Berlin, Urteil vom 27.1.2004, 3 Sa 1898/03

Kirchliche Mitarbeitende haben das besondere Leitbild der christlichen Dienstgemeinschaft zu beachten. Für die katholische Kirche beschreibt die Grundordnung des kirchlichen Dienstes im Rahmen kirchlicher Arbeitsverhältnisse (GrO) besondere **Loyalitätsobliegenheiten.** Von katholischen Mitarbeitenden wird erwartet, dass sie *„die Grundsätze der katholischen Glaubens- und Sittenlehre anerkennen und beachten. Im pastoralen und katechetischen Dienst sowie bei Mitarbeiterinnen und Mitarbeitern, die aufgrund einer Missio canonica oder einer sonstigen schriftlich erteilten bischöflichen Beauftragung tätig sind, ist das persönliche Lebenszeugnis im Sinn der Grundsätze der Glaubens- und Sittenlehre erforderlich; dies gilt in der Regel auch für leitende Mitarbeitende und für Mitarbeiterinnen und Mitarbeiter im erzieherischen Dienst."*[23]

Für den Bereich der evangelischen Kirche und ihrer Diakonie formuliert die **Loyalitätsrichtlinie** (Richtlinie des Rates über kirchliche Anforderungen der beruflichen Mitarbeit in der Evangelischen Kirche in Deutschland und ihrer Diakonie) in § 4 Absatz 2, dass alle Mitarbeiterinnen und Mitarbeiter *„verpflichtet sind, sich innerhalb und außerhalb des Dienstes so zu verhalten, dass die glaubwürdige Ausübung ihres jeweiligen Dienstes nicht beeinträchtigt wird."*

Ob daraus geschlossen werden kann, dass ein kirchlicher Arbeitgeber das außerdienstliche Verhalten des Mitarbeiters oder der Mitarbeiterin in einem Arbeitszeugnis erwähnen darf, bleibt offen. Die vereinzelt geäußerte Auffassung, das außerdienstliche Verhalten sei, ähnlich wie im Beamtenrecht, auch Gegenstand der Beurteilung im Arbeitszeugnis[24], ist höchstrichterlich nicht bestätigt. Zumindest wäre dann zu unterscheiden, ob das jeweilige Arbeitszeugnis zur Bewerbung bei einem kirchlichen oder einem weltlichen Arbeitgeber dient. Für die Bewerbung mit einem (Zwischen-)Zeugnis bei einem weltlichen Arbeitgeber ist diese Auffassung abzulehnen, da ihn die außerdienstliche „christliche" Lebensführung des Bewerbers nicht zu interessieren hat. Ob bei Bewerbungen für einen kirchlichen Arbeitgeber die Bewertung des außerdienstlichen Verhaltens zulässig ist, bleibt zumindest fragwürdig.

---

[23] Vgl. Artikel 4 GrO (Loyalitätsobliegenheiten), Absatz 1 Sätze 1 und 2
[24] Vgl. Schleßmann, Das Arbeitszeugnis, Rn. 337

Die Diversität der einzelnen Mitarbeiter macht die Bewertung der persönlichen Führung allerdings nicht einfach. Da in der Außenwahrnehmung hier über das „Benehmen" des Mitarbeiters geurteilt wird, ist dieser Bereich äußerst sensibel zu handhaben.

Für die Beurteilung der persönlichen Führung haben sich Standardformulierungen durchgesetzt, die an das Schulnotensystem angelehnt werden. Soweit diese Formulierungen der Vergleichbarkeit dienen sollen, ist hier Vorsicht geboten. Denn unter einem „stets vorbildlichen Verhalten" versteht nicht jeder das Gleiche. Dennoch sind solche Formulierungen in diesem Bereich nicht ganz vermeidbar und daher weit verbreitet.

Als Standardformulierungen für die Bewertung des Verhaltens gelten folgende Varianten:

„Sein Verhalten zu Vorgesetzten, Kollegen und Kunden / Patienten war…"	
stets vorbildlich	entspricht Note 1
vorbildlich	entspricht Note 2
stets einwandfrei	entspricht Note 3+
gut	entspricht Note 3
zufriedenstellend	entspricht Note 4
Er / Sie gab zu keiner Klage Anlass.	entspricht Note 5
Uns ist nichts Nachteiliges bekannt geworden.	entspricht Note 6

Auf die richtige Wortreihenfolge (Nennung des Vorgesetzten an erster Stelle) ist hier besonders zu achten. Dazu mehr ab Seite 47 (VI. Zeugnissprache und Zeugnistechniken).

2.4 Gesamtleistungsbewertung

Die Gesamtleistungsbewertung soll den Zeugnisempfänger insgesamt und abschließend in den Blick nehmen. Diese „Schlussnote" ist daher besonders wichtig. Bei einer Fülle von Bewerbungen werden eingereichte Zeugnisse vielfach nur „diagonal" überflogen und das Augenmerk auf diese Schlussnote gerichtet.[25]

Die Gesamtleistungsbewertung wird oft nach dem sogenannten **Zufriedenheitskatalog** vorgenommen, der u. a. von verschiedenen Landesarbeitsgerichten[26] entwickelt worden ist. Die Formulierung: *„Er hat die ihm übertragenen Aufgaben stets zu unserer vollsten Zufriedenheit erledigt"* kann in verschiedenen Abstufungen (*„zu unserer vollsten Zufriedenheit"* – *„stets zu unserer vollen Zufriedenheit"* – *„zu unserer vollen Zufriedenheit"* usw.) schulnotenmäßig erfasst werden. Hierbei ist aber Vorsicht geboten, da es unterschiedliche Interpretationen der jeweiligen Formulierungen gibt.[27] Der Beurteilung „befriedigend" (Note 3) können ebenso wie der Formulierung „gut" (Note 2) in einem Zeugnis verschiedene Formulierungen gerecht werden.[28]

Die Skala der Schulnoten nach dem sogenannten „Zufriedenheitskatalog" stellt sich wie folgt dar:

„Er hat die ihm übertragenen Aufgaben (...) erledigt."	
stets zu unserer vollsten Zufriedenheit	entspricht Note 1
zu unserer vollsten Zufriedenheit	entspricht Note 1,5
stets zu unserer vollen Zufriedenheit	entspricht Note 2
zu unserer vollen Zufriedenheit	entspricht Note 2,5

---

[25] So auch BAG, Urteil vom 14.10.2003, 9 AZR 12/03
[26] Vgl. beispielsweise LAG Bremen, Urteil vom 9.11.2000, 4 Sa 101/00
[27] Richartz, KAVO Handbuch, Seite 60
[28] LAG Hessen, Urteil vom 8.10.2019, 8 Ta 319/19

stets zu unserer Zufriedenheit	entspricht Note 3
zu unserer Zufriedenheit	entspricht Note 4
insgesamt zufriedenstellend	entspricht Note 5

> **Das Wichtigste im Überblick:**
>
> Inhaltlich wird unterschieden zwischen dem einfachen Arbeitszeugnis, das lediglich Angaben über Art und Dauer des Arbeitsverhältnisses enthält und dem qualifizierten Arbeitszeugnis, das sich auch auf die Beurteilung von Leistung und Führung erstreckt. Die Leistungsbeurteilung umfasst Einzelleistungsbewertungen und eine abschließende Gesamtleistungsbewertung. Diese Gesamtleistungsbewertung ist besonders wichtig, weil sie den Zeugnisempfänger insgesamt bewertet.

V. Die Bewertung von Arbeitsleistungen

Jeder, der mit der Ausstellung von Arbeitszeugnissen befasst ist, weiß, wie schwierig die Beurteilung von Arbeitsleistungen in der Praxis ist. Vor allem im kirchlich-caritativen Bereich werden Tätigkeiten und Dienstleistungen „am Menschen" erbracht und diese sind nicht so einfach messbar wie beispielsweise die Anzahl der bearbeiteten Förderanträge oder der verbuchten Zahlungsanweisungen. Erschwerend kommt hinzu, dass es für unzählige Arbeitsplätze in diesem Bereich **keine Stellenbeschreibungen** gibt, also oft gar nicht klar ist, welche Leistungen zur ausgeübten Tätigkeit unmittelbar dazu gehören. Und dabei gilt der Satz: *„Ohne Stellenbeschreibung ist Beurteilung sinnlos!"* [1]

1. Leistungsentgelt im öffentlichen Dienst

Vor einigen Jahren wollten die Tarifvertragsparteien im öffentlichen Dienst durch Einführung von Leistungsentgelten die Leistung der Beschäftigten vergleichbar machen und bewerten. Im Januar 2007 wurde im Rahmen der Ablösung des Bundes-Angestelltentarifvertrags (BAT) durch den damals neuen Tarifvertrag für den öffentlichen Dienst (TVöD) eine **leistungsorientierte Vergütung für den öffentlichen Dienst** eingeführt. Die Ziele eines solchen Leistungsentgelts, das im öffentlichen Dienst anderer europäischer Länder bereits seit einigen Jahren praktiziert worden war, beinhalteten laut TVöD eine *„Stärkung der Effizienz und Effektivität, der Eigenverantwortung und Motivation, der Führungskompetenz und des Dienstleistungsgedankens".* [2] Der Grundgedanke leistungsorientierter Vergütung beruht also auf dem Motto:

---

[1] Dieses Zitat eines Beurteilers (Grunow, Personalbeurteilung, Stuttgart 1976, Seite 45) ist entnommen: Breisig, Stellenbeschreibung für den öffentlichen und kirchlichen Dienst, Seite 123

[2] Vgl. beispielsweise § 18 TVöD (VKA)

„Leistung soll sich lohnen". Auch mehr Gerechtigkeit unter den Beschäftigten sollte damit hergestellt werden.

Als Formen der leistungsorientierten Vergütung wurden Leistungszulage, Leistungsprämie und Erfolgsprämie entwickelt. Von Anfang an war dabei zwischen den Tarifpartnern des öffentlichen Dienstes strittig, auf welchem Weg eine Messung und / oder Bewertung der Arbeitsleistung der Beschäftigten erfolgen sollte. Letztendlich verständigte man sich darauf, die Feststellung bzw. Bewertung von Leistungen über **zwei nebeneinander laufende Verfahren** zu ermöglichen. Danach wird wie folgt unterschieden:

- Der Anspruch auf ein leistungsorientiertes Entgelt wird durch eine Zielvereinbarung über objektivierbare Leistungsziele und die Bedingungen ihrer Erfüllung erworben.
- Die Leistungsbewertung wird nach messbaren oder anderweitig objektivierbaren Kriterien festgestellt.

Soweit im öffentlichen Dienst eine leistungsgerechte Vergütung eingeführt worden war, sollten die **Personalräte** bei der Ausgestaltung der Leistungskriterien beteiligt werden. Im Bereich der Kommunen (VKA) und des Bundes erfolgt die betriebliche Ausgestaltung über Betriebs- oder freiwillige Dienstvereinbarungen. Für den Bund wurde zusätzlich ein ergänzender Tarifvertrag über das **Leistungsentgelt für die Beschäftigten des Bundes** (LeistungsTV-Bund) abgeschlossen. Für die leistungsorientierte Bezahlung wurde ein Startvolumen in Höhe von einem Prozent der ständigen Monatsentgelte des Vorjahres aller unter den Geltungsbereich des TVöD bzw. des TV-L fallenden Beschäftigten des jeweiligen Arbeitgebers vereinbart. Da die Arbeitgeber auf Grund der Finanzlage der öffentlichen Haushalte das Gebot der **Kostenneutralität** als Grundvoraussetzung für das neugestaltete Tarifrecht ansahen, wurde das Leistungsentgelt aus der Ablösung des früheren Urlaubsgeldes und der Zuwendung als neue Jahressonderzahlung finanziert. Ursprünglich hatten die Tarifvertragsparteien die Absicht, das Leistungsentgelt auf bis zu acht Prozent auszubauen. Der Ausbau sollte über einen pauschalierten Anteil an auslaufenden Besitzständen aufgrund der Tarifreform und im Rahmen zukünftiger Tarifrunden finanziert werden.

Nach Auffassung der Dienstleistungsgewerkschaft ver.di versprechen Versuche, ausschließlich mittels materieller Anreize und unilateraler Beurteilungsverfahren Mehrleistungen zu erzeugen, im öffentlichen Dienst allerdings nur geringe Erfolge.[3] Die Einbeziehung von Führungskräften in die Verantwortung für die Leistung ihrer Mitarbeitenden, die schlechte Messbarkeit von Leistungen in den Berufen, in denen Arbeitserfolg nicht einfach „messbar" ist wie beispielsweise bei Erziehern, Gesundheitspflegerinnen, Sozialarbeitern usw. machen Leistungsbewertung zu einer fast unüberwindbaren Hürde. Der Versuch, leistungsorientierte Bezahlung im öffentlichen Dienst einzuführen, ist kläglich gescheitert und mittlerweile aus vielen Tarifwerken wieder verschwunden. Durch die Neufassung des § 18 TVöD (Bund) wurde das bisherige Leistungsentgelt von einem tarifrechtlich vorgeschriebenen Instrument in eine nur noch **freiwillige Option des Arbeitgebers** umgewandelt. Im TV-L sind die Bemühungen zur Einführung leistungsorientierter Vergütung angesichts des Widerstandes der Betroffenen und der enormen Schwierigkeiten aus dem TVöD-Bereich schon früh gescheitert.

2. Die Situation in der Kirche (am Beispiel der KAVO NRW)

Im kirchlichen Bereich halten sich solche Regelungen oft länger. Ein Beispiel für leistungsorientierte Vergütung findet sich in § 26 KAVO NRW. Dort können Einrichtungen seit Januar 2008 für ihren Bereich ein Leistungsentgelt einführen. Hierzu bedarf es einer **Dienstvereinbarung auf der Grundlage des § 38 MAVO**. Das Leistungsentgelt stellt eine variable und leistungsorientierte Bezahlung dar, die zusätzlich zum Tabellenentgelt gewährt wird. In der zu § 26 entwickelten Anlage 28 KAVO NRW finden sich Regelungen zu den Kriterien zum Leistungsentgelt sowie eine Musterdienstvereinbarung.

Mit der Vorschrift in § 26a KAVO NRW wird dann der „Rettungsfallschirm" ausgelöst für den Fall, dass eine Dienstvereinbarung nicht zustande kommt. Dann

---

[3] https://bund-laender-nrw.verdi.de/tarif/++co++86985166-f6d9-11e3-bb85-525400248a66, (zuletzt eingesehen am 15.3.2021)

wird gemäß dieser Bestimmung eine pauschale „Jahreszahlung" in Höhe von 24 Prozent des für den Monat September zustehenden Tabellenentgeltes zusammen mit dem Gehalt für den Monat Dezember ausgezahlt. Nach meiner Beobachtung wird in den allermeisten Fällen genau diese Regelung angewendet, weil Dienstvereinbarungen nach § 26 nicht zustande kommen, Leistungsbemessung als praktisch unmöglich erachtet wird und vielfach auch nicht erwünscht ist. Die Auszahlung von Leistungsentgelt geschieht daher nach dem „Gießkannenprinzip", also mittels Ausschüttung eines Betrages zu gleichen Teilen an alle betroffenen Mitarbeitenden. Faktisch ist damit die **Leistungsbewertung mittels tariflicher Zahlungen** bei katholischer Kirche und Caritas gescheitert.

Im verfasst-kirchlichen und diakonischen **Bereich der evangelischen Kirche** spielt das Leistungsentgelt ebenfalls eine untergeordnete Rolle. In den meisten Arbeitsrechtsregelungen bzw. Tarifverträgen ist die Komponente zugunsten anderer monetärer Leistungen wie beispielsweise der Gewährung einer Kinderzulage oder Maßnahmen zur Verbesserung der Vereinbarkeit von Berufs- und Privatleben entfallen. Allein die Evangelische Kirche der Pfalz, die gemäß Kirchengesetz den TVÖD-VKA direkt anwendet, sowie die Kirchliche Arbeitsordnung Württemberg (KAO) sehen das Leistungsentgelt entsprechend den Regelungen im öffentlichen Dienst noch vor.[4]

Eine Leistungsbewertung wird bei ihrer Einführung von Dienstgebern und Mitarbeitervertretungen mittels einer Dienstvereinbarung als pauschales System entwickelt, bei dem zumeist die Unterschiedlichkeiten der Berufsbilder nicht beachtet werden. Solche Systeme werden über alle Mitarbeitergruppen hinweg angewendet. Im Unterschied dazu werden Arbeitsleistungen im (qualifizierten) Arbeitszeugnis **bezogen auf eine konkrete Person und ihren beruflichen Werdegang** bewertet. Und dies erfolgt durch den jeweiligen Vorgesetzten, der diese Person am besten kennt. Dazu gibt es klare Regelungen und rechtliche sowie inhaltliche Vorgaben. Das kann nach meiner Auffassung ein pauschales Bewertungssystem für ggf. mehrere hundert Mitarbeitende nicht leisten.

---

[4] Steuernagel in: Das Arbeits- und Tarifrecht der Evangelischen Kirche, Seite 211

Daraus folgt: Die Bewertung von Arbeitsleistungen in Arbeitszeugnissen ist pauschalen Leistungsbewertungen stets vorzuziehen. Die dort verwendeten Bewertungsmethoden werden im Folgenden kritisch erläutert.

3. „Schreiben lassen" als Risiko

In vielen Fällen sind im Bereich von Kirche, Caritas und Diakonie **keine Personalfachkaufleute** mit der Zeugniserstellung befasst, sondern Mitarbeitende mit einer Verwaltungsausbildung. Oder es werden Mitarbeiter aus sozialen Berufen, die in Führungspositionen aufgestiegen sind (Kindergartenleitung, Wohnbereichsleitung usw.), mit der Zeugniserstellung für die ihnen unterstellten Mitarbeitenden beauftragt.

Zeugniserstellende lassen sich wiederum oft von den zu bewertenden Zeugnisempfängern einen Zeugnisentwurf schreiben, der dann als **Vorlage für das ausformulierte Arbeitszeugnis** dient. Dieses „Schreiben lassen" von Zeugnisentwürfen birgt das Risiko in sich, es sich „zu einfach zu machen". So werden wichtige, vorgeschriebene Zeugnisinhalte ausgelassen oder beim Zeugnisempfänger falsche Hoffnungen geweckt, was den endgültigen Zeugnistext betrifft. Bei Mitarbeiterinnen und Mitarbeitern mit einer langjährigen Erwerbsbiografie mit vielen zu bewertenden Tätigkeiten besteht zudem die Gefahr überlanger Zeugnisse, in denen alles vorkommen soll, was im Berufsleben passiert ist.

4. Vereinfachung durch Schulnotensystem

Am weitesten verbreitet ist die Bewertungsmethode, Arbeitsleistungen in **Schulnoten** widerzuspiegeln. Das ist der verständliche Versuch, die gewohnten Bewertungsmuster aus dem Schulbereich auf das Arbeitsleben zu übertragen. Deshalb findet man in der gesamten Literatur solche „Übersetzungshilfen", mit denen bestimmte sprachliche Formulierungen den entsprechenden (Schul-) Noten 1 bis 6 zugewiesen werden. Diese Methode bringt zwar auf den ersten Blick eine gewisse Überschaubarkeit und zumindest vordergründige Vergleichbarkeit von Arbeitsleistungen mit sich. Allerdings scheitert diese Vergleichbarkeit dann, sobald verschiedene Zeugnisaussteller mit den gleichen Formulierungen eigentlich unterschiedliche Aussagen treffen wollten. Der allgemeine Trend zur Vereinfachung durch **Reduktion auf Noten** führt also zu verfälschten Ergebnissen.

Es ist daher von hoher Wichtigkeit, jeden einzelnen Leistungsbereich im Zeugnis sorgfältig auszuformulieren und nicht nur die Standardformulierungen wie beispielsweise den oft zitierten Ausdruck *„stets zur vollsten Zufriedenheit"* zu verwenden. In der Gesamtleistungsbewertung hingegen ist dieses Bewertungsmuster allerdings der „Standard" und dient dann in der „Gesamtnote" der besseren Vergleichbarkeit.

 Das Wichtigste im Überblick:

Die im öffentlichen Dienst eingeführten Leistungsbewertungen mittels tariflicher Zahlungen sind umstritten und in der Praxis faktisch gescheitert. Auch im kirchlichen Bereich haben sich diese Regelungen nicht durchsetzen können. Arbeitszeugnisse von Mitarbeitenden schreiben zu lassen, birgt viele Risiken. Ein Schulnotensystem führt zu vereinfachenden Aussagen und sollte daher mit Vorsicht eingesetzt werden.

VI. Zeugnissprache und Zeugnistechniken

Eines sei vorab klargestellt: Die Formulierung eines Arbeitszeugnisses ist ausschließlich Sache (und Verantwortung!) des Arbeitgebers. Arbeitnehmer haben keinen Anspruch auf **Wunschformulierungen,** sie können weder die Verwendung bestimmter Begriffe noch die Vergabe bestimmter Noten verlangen. Auch wenn in der Praxis dieser Eindruck oft entsteht, muss ihm hier deutlich widersprochen werden!

Die Zeugnissprache ist **die deutsche Schriftsprache.** Das führt bei manchen Formulierungen, die sich in der Alltagssprache durchgesetzt haben und deshalb auch in Zeugnissen zu lesen sind, zu Irritationen. So gibt es beispielsweise in der deutschen Grammatik die Wortsteigerung *„vollsten"* nicht. Dennoch hat sich im Arbeitszeugnis bei der Bewertung der Arbeitsleistung die Schreibweise *„zur vollsten Zufriedenheit"* durchgesetzt.[1]

Vorsicht ist für den Zeugnislesenden immer dann geboten, wenn **typische Inhalte fehlen.** Bei Führungskräften muss beispielsweise (auch) die Führungsfähigkeit beurteilt werden. Hier weist das Fehlen dieser Bewertung auf einen Mangel hin. Wenn bei einer Erzieherin der Umgang mit den Kindern nicht bewertet wird, ist das schlichtweg ein Hinweis darauf, dass hier Fähigkeiten und Kompetenzen fehlen. Diese leider weit verbreitete Technik des bewussten Auslassens im Zusammenhang mit berufsspezifischen Merkmalen, das so genannte „beredte Schweigen" wird nachfolgend ausführlich erläutert.[2]

Von diesen Auslassungen zu unterscheiden ist die **Sprachtechnik:** In Arbeitszeugnissen sind oft Formulierungen anzutreffen, die eine falsche Reihenfolge aufweisen. Das gilt beispielsweise für den Satz *„Er ist mit seinen Kollegen, Kunden und seinem Vorgesetzten gut zurechtgekommen."* Hier legt die **verkehrte Wortreihenfolge** (der Vorgesetzte muss stets zuerst genannt werden!) Rangordnungsschwierigkeiten und Konflikte nahe.

---

[1] Vgl. dazu Seite 39
[2] Vgl. dazu unter 3. ▸ Seite 51 ff.

Das Landesarbeitsgericht Köln hat in einer Entscheidung aus dem Jahr 2007[3] festgestellt: *„Es mag sein, dass in der Praxis die Wortreihenfolge häufig umgekehrt ist und die eine oder andere Stimme in der Literatur daraus Vermutungen herleitet. Mehr spricht für die Rechtsauffassung (…), wonach eine Verletzung des Grundsatzes der wohlwollenden Beurteilung des Arbeitnehmers nicht schon dann vorliegt, wenn der Arbeitgeber in einem qualifizierten Arbeitszeugnis bei der Darstellung des Verhältnisses zwischen dem Arbeitnehmer und seinen Kollegen bzw. Vorgesetzten zuerst die Kollegen nennt und danach die Vorgesetzten."* Im Gegensatz zur Personalpraxis kommt das Gericht aber zu dem Ergebnis: *„Schlussfolgerungen aus der Reihenfolge Vorgesetzter, Kollegen bzw. umgekehrt sind mangels anderer Anhaltspunkte nicht zwingend."*

Wird eine Person oder eine Personengruppe (Vorgesetzte, Kollegen usw.) gar nicht genannt, ist die **fehlende Nennung** nach der Rechtsauffassung des Landesarbeitsgerichts Hamm ein Hinweis auf Verhaltensschwierigkeiten.[4] Aus einer Studie ergibt sich, dass in 94 % aller Fälle der Vorgesetzte im Zeugnis zuerst genannt wird.[5] Eine höchstrichterliche Entscheidung des Bundesarbeitsgerichts zu diesem Thema steht noch aus.

Zu den weit verbreiteten Zeugnistechniken gehört auch die „Anscheins-Technik", in der harmlose Sätze einen **falschen Anschein** erwecken. Ein Beispiel dafür ist dieser besonders kuriose Fall: Die Aussage *„Er war ehrlich bis auf die Knochen"* vermag dem Arbeitszeugnis eines Metzgers einen positiven Anstrich verleihen, entpuppt sich aber als Sprengstoff, wenn ihm damit ein Knochendiebstahl vorgeworfen wird.[6] Verbreitet sind auch die so genannte „Schönfärberei" und Geheimzeichen, die im Folgenden beschrieben werden.

---

[3] LAG Köln, Urteil vom 30.8.2007, 10 Sa 482/07

[4] LAG Hamm, Urteil vom 24.9.1985, 13 Sa 833/85

[5] Schleßmann, Das Arbeitszeugnis, Rn. 743 mit Verweis auf Sende, Arbeitszeugnisse aus eignungsdiagnostischer Perspektive, Dissertation 2016, Lehrstuhl für Wirtschafts- und Sozialpsychologie der Universität Erlangen / Nürnberg

[6] LAG Hamm, Urteil vom 13.2.1992, 4 Sa 1077/91

VI. Zeugnissprache und Zeugnistechniken

1. Schönfärberei

Im Mittelalter gelang es dem Berufsstand der Schönfärber, weniger wertvollen Stoffen eine schönere Färbung zu geben und damit den Eindruck einer besseren Qualität vorzutäuschen.[7] Daher stammt der heute noch verwendete Ausdruck der Schönfärberei. Gemeint ist damit, eine schlechte Sache besser dastehen zu lassen. Und diese „schönfärberische" Darstellung findet sich häufig in Arbeitszeugnissen mit Formulierungen, die eine **schlechte** Arbeitsleistung **mit guten Sprachwendungen** „schönfärben" wollen. Allgemein bekannt ist beispielsweise der Satz *„Er hat sich stets bemüht."* als positive Redewendung, die mit einer negativen Wertung belegt ist. Denn wer sich nur bemüht, hat eben nichts erreicht. Der Satz *„Sie war stets pünktlich."* ist die Beschreibung einer Selbstverständlichkeit und ohne weitere Leistungsbewertungen im Zeugnis eine Katastrophe.

Sind also Arbeitsleistungen oder das Verhalten nicht gut oder sehr gut, dann darf das im Sinn des Wahrheitsgebotes im Zeugnis auch ehrlich genannt werden. Eine (lediglich) zufriedenstellende Bewertung des Fachwissens könnte dann genau so ausgedrückt werden: *„Seine / Ihre Fachkenntnisse waren zufriedenstellend."* Schönfärberei ist dagegen im Interesse der Zeugniswahrheit zu vermeiden!

2. Geheime Codes

In der Geschichte des Arbeitszeugnisses haben sich auch sogenannte „Geheime Codes" – oder besser ausgedrückt: Verschlüsselungen[8] – in Arbeitszeugnissen entwickelt und sie werden bis heute gebraucht. Geheimzeichen wider-

---

[7] Eine gute Darstellung der Schönfärberei ist nachzulesen im „Innungsbuch der Schwarz- und Schönfärber-Innung" in: Weida und Zeitz, Deutsche Handschrift auf Papier (Weida / Zeitz 1693–1870).

[8] Kritisch gegenüber dem Wortgebrauch „Geheimcode": Schleßmann, Das Arbeitszeugnis, Rn. 682

sprechen aber dem in § 109 Abs. 2 Satz 2 Gewerbeordnung (GewO) gesetzlich festgeschriebenen Grundsatz: *„Es (das Zeugnis) darf keine Merkmale oder Formulierungen enthalten, die den Zweck haben, eine andere als aus der äußeren Form oder aus dem Wortlaut ersichtliche Aussage über den Arbeitnehmer zu treffen."*

Dennoch versuchen manche Arbeitgeber immer wieder, solche Formulierungen zu entwickeln, um entweder „versteckte Botschaften" zu senden oder etwas ins Zeugnis hineinzuschreiben, was dort nicht hingehört. Im Folgenden sind einige Beispiele (mit der damit vom Zeugnisaussteller bezweckten Aussage) aufgelistet:

▶ **Beispiele**

- *„Er ist mit seinen Vorgesetzten gut zurechtgekommen."*
  (angepasster Mitarbeiter)
- *„Im Kollegenkreis galt er als toleranter Mitarbeiter."*
  (für Vorgesetzte aber ein schwieriger Fall[9])
- *„Im Umgang mit Kollegen und Vorgesetzten zeigte er eine erfrischende Offenheit."*
  (vorlauter Kollege)
- *„Er setzte sich engagiert innerhalb und außerhalb des Unternehmens für die Interessen der Arbeitnehmer ein."*
  (Betriebsrats- bzw. Gewerkschaftstätigkeit)
- *„Ihre Standpunkte trägt sie in selbstbewusster Art vor."*
  (arrogante, anmaßende Mitarbeiterin)
- *„Sie ist eine anspruchsvolle und kritische Mitarbeiterin."*
  (viel gemeckert)
- *„Er war kontaktbereit."*
  (aber nicht kontaktfähig)
- *„Bei Kunden war er schnell beliebt."*
  (machte zu viele Zugeständnisse, z. B. durch Einräumen hoher Rabatte)

---

[9] LAG Hamm, Urteil vom 17.12.1998, 4 Sa 630/98

- „Wegen seiner Pünktlichkeit war er stets ein Vorbild."
  (eine Selbstverständlichkeit)
- „Er bewies Einfühlungsvermögen."
  (suchte sexuellen Kontakt); zu unterscheiden von Beurteilungen im Bereich der Kranken- und Altenpflege und bei erzieherischen Berufen!
- „Er war stets bemüht, seinen Aufgaben gerecht zu werden."
  (hat es aber nicht geschafft)
- „Er verstand es hervorragend zu delegieren."
  (hat aber selbst nicht viel getan)
- „Er war ein verständnisvoller und toleranter Vorgesetzter."
  (ohne Durchsetzungsvermögen)
- „Er führte konsequent."
  (autoritärer Führungsstil)
- „In seiner Abteilung war ein bemerkenswert gutes Arbeitsklima."
  (ironischer Hinweis auf viele Feiern)
- „Er stand stets voll hinter uns."
  (Hinweis auf Trunksucht)
- „Er war ehrlich bis auf die Knochen."
  (Diebstahl)

Weitere Stilblüten[10] sollen hier nicht veröffentlicht werden. Dennoch ist bei Arbeitszeugnissen Vorsicht angesagt, wenn über die bereits bekannten Formulierungen hinaus auffallend andere Ausdrucksweisen verwendet werden.

3. Beredtes Schweigen

Soweit für eine Berufsgruppe oder für eine ganze Branche der allgemeine Brauch besteht, bestimmte Leistungen oder Eigenschaften der dort Beschäftigten in deren Arbeitszeugnissen zu erwähnen, kann die **Nichterwähnung**

---

[10] Diese und weitere Quellen sind u. a. zu finden bei: Schleßmann, Das Arbeitszeugnis, Rn. 737

dieser Merkmale ein erkennbarer Hinweis für den Zeugnislesenden auf eine **negative Bewertung** sein. In der Personalpraxis wird diese Technik des Weglassens von berufsspezifischen Inhalten als so genanntes „beredtes Schweigen" bezeichnet. Dazu hat sich das Bundesarbeitsgericht klar positioniert: Soweit **berufsspezifische Pflichtinhalte** im Zeugnis obligatorisch sind, haben Arbeitnehmerinnen und Arbeitnehmer bei deren Fehlen Anspruch darauf, dass ihnen seitens des Arbeitgebers ein entsprechend ergänztes Zeugnis erteilt wird.[11]

Im Bereich von Kirche, Caritas und Diakonie betrifft dies insbesondere folgende Mitarbeitergruppen:

- Erzieher/innen
  Der Umgang mit Kindern und deren Erziehungsberechtigten, die Empathie und das Fördern von Begabungen sowie das Erkennen von Defiziten bei der kindlichen Entwicklung sind essenziell für diesen Beruf und müssen daher mitbewertet werden.

- Krankenpfleger/innen (im Bereich Anästhesie / Intensivmedizin)
  Die Belastung auf einer Intensivstation oder im OP-Bereich ist eine zusätzliche und besondere Herausforderung gegenüber der „normalen" Pflege in anderen Bereichen. Daher ist bei diesen Berufsgruppen auch die Belastbarkeit in herausfordernden Situationen zu bewerten. Ähnliches dürfte für Ärztinnen und Ärzte in besonders intensiven Einsatzgebieten (z. B. als Notarzt / Notärztin) gelten.

- Altenpfleger/innen
  Die hohe physische und psychische Belastung der Mitarbeitenden in der Altenpflege ist hinlänglich bekannt. Daher wird dringend angeraten, diese Belastbarkeit besonders zu erwähnen. Für die Pflege generell gilt auch der Umgang mit Patienten / Heimbewohnern als berufsspezifisches Merkmal, das besonders erwähnt werden muss. Fehlt diese Angabe im Arbeitszeugnis, ist das ein deutlicher Hinweis auf mangelhafte Arbeitsqualität in diesem Bereich.

---

[11] BAG, Urteil vom 12.8.2008, 9 AZR 632/07

- Pfarrsekretär/in
  Der Umgang mit sensiblen, personenbezogenen Daten (Familienstandsdaten) der Gemeindemitglieder, Sensibilität im Umgang mit Hilfesuchenden (beispielsweise bei Todesfällen oder in seelsorgerischen Notfällen), die Loyalität gegenüber dem Pfarrer und allgemeine Diskretion sollten unbedingt bewertet werden.

- Lehrende an kirchlichen Schulen
  Bei den berufsspezifischen Pflichtinhalten stehen bei Lehrerinnen und Lehrern die pädagogischen Fähigkeiten an allererster Stelle. Auch der Umgang mit den Erziehungsberechtigten der ihnen anvertrauten Schülerinnen und Schüler sollte dabei bewertet werden. Wichtig ist bei Lehrkräften an kirchlichen Schulen darüber hinaus deren Fähigkeit zur Vermittlung christlicher Werte im Schulleben. Dies gilt ebenfalls für Erzieherinnen und Erzieher in kirchlichen Kinderbetreuungseinrichtungen.

4. Unzulässige Angaben und Sonderfälle

Es gibt Ereignisse, Zeiten und Unterbrechungen im Laufe eines Arbeitslebens, die in einem Arbeitszeugnis nicht oder nur unter bestimmten Voraussetzungen erwähnt werden dürfen.

Die folgenden Sachverhalte dürfen in einem Arbeitszeugnis **nicht genannt** werden:

- Abmahnungen und Ermahnungen[12],
- das außerdienstliche Verhalten (es sei denn, es hat Einfluss auf das dienstliche Verhalten)[13],
- laufende Ermittlungsverfahren, Vorstrafen und Straftaten,

---

[12] Schleßmann, Das Arbeitszeugnis, Rn. 302 mit Verweis auf Münchener Handbuch zum Arbeitsrecht / Wank, Rn. 23

[13] Das Verhalten im privaten Bereich wird im Zeugnis nicht beurteilt, vgl. dazu Seite 36.

- im staatlichen Bereich die **Konfession.** (Im kirchlichen Bereich gilt, jedenfalls bis zu einer anderslautenden höchstrichterlichen Entscheidung: Die Konfession darf bei kirchlichen Einrichtungen auch ohne ausdrücklichen Wunsch angegeben werden.[14])
- Nebentätigkeiten (Werden für die jeweilige Einrichtung „ehrenamtliche" Tätigkeiten ausgeübt, wie z. B. Leiter der Betriebssportgruppe, dürfen sie auf Wunsch des Mitarbeitenden in das Zeugnis aufgenommen werden.)
- eine Schwerbehinderteneigenschaft (Allerdings kann es bei einem Einfluss der Behinderung auf das quantitative Leistungsvermögen angezeigt sein, diese im Zeugnis zu erwähnen, da der Zeugnislesende bei einer nicht guten Leistungsbewertung ansonsten andere Gründe wie mangelnde Leistungsbereitschaft vermuten könnte.[15])
- die Tätigkeit in der MAV (für den Fall der Freistellung gelten Besonderheiten, dazu 4.3 ab Seite 58).

Sonderfälle betreffen insbesondere Zeiten, in denen das Arbeitsverhältnis unterbrochen wird. Hier sind verschiedene Fallgruppen zu unterscheiden. Grundsätzlich werden solche **Unterbrechungen im Arbeitsverhältnis** nicht genannt, die zum allgemeinen Arbeitsleben dazugehören. Diese betreffen Krankheits- und Rehabilitationszeiten, Phasen der Kurzarbeit, die Zeiten der Teilnahme an Fort- und Weiterbildungen, mutterschutzrechtliche Beschäftigungsverbote bei Schwangerschaft usw. Hier gilt es aber in einigen Fällen Besonderheiten zu beachten (dazu 4.1 und 4.2 ab Seite 56).

Arbeitnehmer haben einen Anspruch darauf, dass der Grund für die Unterbrechung ihres Arbeitsverhältnisses nicht genannt wird. Würde der Arbeitgeber eine Unterbrechung wie die Elternzeit ohne Begründung im Zeugnis erwähnen, könnte sich dies für den Zeugnisempfänger negativ auswirken.

Stehen die Ausfallzeiten in einem **deutlichen Missverhältnis zur übrigen Dauer des Arbeitsverhältnisses,** müssen sie auf jeden Fall genannt werden. So geht das Bundesarbeitsgericht in einem Fall davon aus, dass eine

---

[14] Schleßmann, Das Arbeitszeugnis, Rn. 476 mit Verweis auf Erfurter Kommentar / Müller-Glöge, Rn. 13

[15] Schleßmann, Das Arbeitszeugnis, Rn. 399

Unterbrechung als „wesentlich" anzunehmen ist, wenn der Arbeitnehmer während seines 50 Monate dauernden Arbeitsverhältnisses 33½ Monate im Erziehungsurlaub war. Die Unterbrechung beträgt hier mehr als zwei Drittel (!) der Beschäftigungsdauer.

Wenn die Unterbrechung **mehr als die Hälfte der Zeit des Arbeitsverhältnisses** ausmacht, wird auch eine solche Unterbrechung zu erwähnen sein. Dies gilt im Übrigen als Faustregel für alle Unterbrechungen. Insoweit gehören auch Haftstrafen zu den Unterbrechungen, die möglicherweise erwähnt werden müssen. Eine mögliche Formulierung im Arbeitszeugnis könnte sein: *„Das Arbeitsverhältnis war von ... bis ... unterbrochen."*

Neben der **Dauer** der mehrmonatigen Unterbrechung wird es auch auf die **Lage** der Ausfallzeit ankommen. Wenn Unterbrechungen keine Auswirkungen mehr für das Arbeitsverhältnis haben, können sie unerwähnt bleiben.

> ▶ **Beispiel**

Beginn der Tätigkeit: 1.1.1992
Unterbrechung der Tätigkeit wegen Elternzeit: 1.1.1995 bis 31.12.1995
Ausstellungsdatum des Zeugnisses: 31.12.2020

In diesem Fall hat die Unterbrechung keine Auswirkungen mehr auf das Arbeitsverhältnis. Die Unterbrechung prägt das Beschäftigungsverhältnis zum Zeitpunkt der Zeugnisausstellung nicht mehr mit.[16]

Die **Gründe der Unterbrechung** dürfen im Arbeitszeugnis nicht genannt werden, da sie nicht zum gesetzlich geschuldeten Inhalt gehören. Im Interesse des Mitarbeitenden können Gründe genannt werden, bei denen die Nennung nicht nachteilig ist, z. B. Freiwilligendienste, Beschäftigungsverbote wegen Schwangerschaft oder ähnliche Fälle.

---

[16] Schleßmann, Das Arbeitszeugnis, Rn. 286

Die Nennung der Unterbrechung kann nach der Auffassung des Bundesarbeitsgerichts[17] daher auch **vorteilhaft für den Arbeitnehmer** sein: „*Indem die Beklagte mit der Erwähnung des Erziehungsurlaubs nicht nur die Tatsache der tatsächlichen Unterbrechung, sondern auch den Grund für die Ausfallzeit angegeben hat, handelte sie letztlich im Interesse des Klägers. Beruht die zeugnisrechtlich relevante Ausfallzeit auf der Inanspruchnahme von Erziehungsurlaub, ist diese Angabe geeignet zu verhindern, dass potenzielle Arbeitgeber über den Grund der Ausfallzeit für den Kläger nachteilige Mutmaßungen anstellen.*"

4.1 Krankheitszeiten

Zeiten der krankheitsbedingten Arbeitsunfähigkeit, Rehabilitationsmaßnahmen oder die Teilnahme an einem Betrieblichen Eingliederungsmanagement (BEM) dürfen im Zeugnis grundsätzlich nicht erwähnt werden. Ausnahmen bilden verhältnismäßig lange Unterbrechungen / Fehlzeiten im Arbeitsverhältnis, wenn diese **mehr als die Hälfte der gesamten Beschäftigungszeit** ausmachen.[18] Dabei kommt es beispielsweise auch darauf an, ob die mehrjährigen krankheitsbedingten Ausfälle außer Verhältnis zur tatsächlich geleisteten Arbeitszeit stehen und es bei der ausgeübten Tätigkeit auf das Vorhandensein eines aktuellen Fachwissens ankommt. In diesem Fall ist nach Auffassung des Hessischen Landesarbeitsgerichts ein Sachgrund gemäß § 8 Allgemeines Gleichbehandlungsgesetz (AGG) gegeben, der die Erwähnung der Ausfallzeit im Arbeitszeugnis ermöglicht, ohne diskriminierend zu sein.[19] **Aus Sicht des Datenschutzes** bestehen gegen eine Erwähnung im Zeugnis allerdings Bedenken, da es sich hier um Angaben zur Gesundheit einer Person handelt. Angaben zur Gesundheit von Beschäftigten sind personenbezogene Daten „besonderer Kategorie" gemäß § 4 Nr. 2 KDG bzw. § 4 Nr. 2 DSG-EKD. Eine Verarbeitung dieser Daten ist nach § 11 KDG bzw. § 13 DSG-EKD untersagt. Soweit Ausnahmetatbestände nach den kirchlichen Datenschutzgesetzen für die Verarbeitung dieser Daten nicht vorliegen, dürfte deren Nennung im Zeugnis daher unter datenschutzrechtlichen Gesichtspunkten unzulässig sein.

---

[17] BAG, Urteil vom 10.5.2005, 9 AZR 261/04
[18] Schleßmann, Das Arbeitszeugnis, Rn. 286
[19] LAG Hessen, Urteil vom 2.2.2015, 16 Sa 1387/14

Um das Persönlichkeitsrecht des Mitarbeitenden zu schützen, könnte wie folgt formuliert werden: *„Mit Herrn / Frau X bestand in der Zeit vom ... bis ... ein Beschäftigungsverhältnis. Der Beurteilungszeitraum dieses Zeugnisses bezieht sich auf den Zeitraum von ... bis ..."* Allerdings wird diese Formulierung Fragen des Zeugnislesenden aufwerfen.

4.2 Elternzeit

Zu differenzieren ist auch bei längeren Unterbrechungen, in denen das Arbeitsverhältnis „ruht", der Mitarbeitende also von seiner Pflicht zur Arbeitsleistung und der Dienstgeber von der Vergütungspflicht befreit sind. Insbesondere **Elternzeiten** sind solche Unterbrechungen, die zum Teil mehrere Jahre andauern können. Nach dem Gebot der Zeugniswahrheit sind diese Zeiten der Unterbrechung, in denen das Arbeitsverhältnis in seinem rechtlichen Bestand zwar unverändert fortbesteht, aber die Arbeitspflicht für einen längeren Zeitraum ausgesetzt ist, zu nennen. Die Rechtsprechung hat in der Erwähnung der Elternzeit im Zeugnis keinen Nachteil gesehen und daher eine Diskriminierung des Arbeitnehmers im Sinn des Allgemeinen Gleichbehandlungsgesetzes (AGG) verneint.[20]

> ▶ **Beispiel**
>
> *Beginn Arbeitsverhältnis: 1.1.2015*
> *Mutterschutz / Elternzeit ab: 17.12.2016*
> *Ende Elternzeit am: 18.12.2019*
>
> *Was gilt für das Arbeitszeugnis, wenn das Arbeitsverhältnis zum 28.2.2020 endet?*
>
> *Hier wird es dem Zeugnisaussteller schwerfallen, die Arbeitsleistung der Mitarbeiterin zu beurteilen, da nach Beendigung der Elternzeit erst gut*

---

[20] LAG Köln, Urteil vom 4.5.2012, 4 Sa 114/12

> *2 Monate vergangen sind und die der Elternzeit vorangegangene Zeit der erbrachten Arbeitsleistung bereits 5 Jahre zurückliegt.*
>
> *Das Arbeitsverhältnis war insgesamt für mehr als 50 % unterbrochen. Eine Nennung der Unterbrechung wegen der Elternzeit ist daher möglich.*

Aus Sicht des Datenschutzes dürfte die Nennung der Elternzeit kein Problem darstellen, da es sich dabei zwar um personenbezogene Daten handelt, aber diese nichts über den Gesundheitszustand (anders bei Krankheitszeiten, dazu bereits Seite 56 unter 4.1) aussagen. Es handelt sich also nicht um „besondere Kategorien personenbezogener Daten" im Sinn des § 4 Nr. 2 Kirchliches Datenschutzgesetz (KDG). Im KDG versteht man darunter personenbezogene Daten, aus denen die rassische und ethnische Herkunft, politische Meinungen, religiöse oder weltanschauliche Überzeugungen oder die Gewerkschaftszugehörigkeit hervorgehen, sowie genetische Daten, biometrische Daten zur eindeutigen Identifizierung einer natürlichen Person, Gesundheitsdaten oder Daten zum Sexualleben oder der sexuellen Orientierung einer natürlichen Person abzuleiten sind. Für die Verarbeitung solcher personenbezogenen Daten muss die **ausdrückliche schriftliche Einwilligung des Betroffenen** vorliegen. Die Elternzeit fällt nach meiner Auffassung nicht darunter, so dass eine Nennung unter Datenschutzaspekten unproblematisch ist. Im Bereich der Evangelischen Kirche ist das Kirchengesetz über den Datenschutz der Evangelischen Kirche in Deutschland (DSG-EKD) die rechtliche Grundlage. Auch in diesem Gesetz werden in § 4 Nr. 2 die personenbezogenen Daten besonderer Kategorie definiert. Hier wird die Elternzeit ebenfalls nicht aufgeführt, so dass die für das KDG dargestellte Rechtslage auf diesen Bereich übertragbar ist.

4.3 Tätigkeit in der Mitarbeitervertretung

Das Amt als Mitarbeitervertreter hat mit der Bewertung der Arbeitsleistung eines Mitarbeitenden nichts zu tun. Daher ist die Erwähnung der Tätigkeit in der Mitarbeitervertretung im Arbeitszeugnis **grundsätzlich untersagt.** Das gilt auch für das Amt der Vertrauensperson der Schwerbehinderten gemäß

§ 52 MAVO / § 50 MVG.EKD sowie für den Sprecher oder die Sprecherin der Jugendlichen und Auszubildenden gemäß § 48 MAVO / § 49 MVG.EKD.

Dieses Verbot ergibt sich auch aus dem Mitarbeitervertretungsrecht der Kirchen. In § 18 Abs. 1 MAVO bzw. § 19 Abs. 1 MVG.EKD heißt es ausdrücklich, dass Mitglieder der Mitarbeitervertretung in der Ausübung ihres Amtes nicht behindert und aufgrund ihrer Tätigkeit *„weder benachteiligt noch begünstigt"* werden dürfen. Wegen dieses **Benachteiligungsverbotes** darf die Tätigkeit als Mitarbeitervertreter nicht im Arbeitszeugnis erwähnt werden. Selbst auf eigenen Wunsch des Mitarbeitervertreters darf diese keine Erwähnung finden.[21] Denn die jeweiligen Vorschriften in der MAVO bzw. im MVG.EKD enthalten auch ein **Begünstigungsverbot** und die Nennung der MAV-Tätigkeit könnte bei der Bewerbung auch eine Besserstellung bewirken (z. B. bei der Bewerbung als Referent bei einer Bildungseinrichtung mit Schulungsangeboten für Mitarbeitervertreter oder bei Tätigkeiten für eine Gewerkschaft usw.).

Eine besondere Problematik bietet allerdings die **Freistellung eines Mitglieds der Mitarbeitervertretung** von der dienstlichen Tätigkeit gemäß § 15 Abs. 3 MAVO / § 20 Abs. 2 MVG.EKD.

> **Beispiel**

Beginn der Berufstätigkeit: 1.10.2007
Wahl in die MAV: 1.4.2013
Vollständige Freistellung für MAV-Tätigkeit: 1.5.2013 bis 21.4.2021

Was gilt für das Arbeitszeugnis, wenn das Arbeitsverhältnis am 30.4.2021 beendet wird?

Der Mitarbeiter hat mehr als sechs Jahre in seinem Beruf gearbeitet und war danach fast acht Jahre lang freigestellt für die Arbeit in der Mitarbeitervertretung. Die Zeit der Freistellung beträgt also weit mehr

---

[21] Schleßmann, Das Arbeitszeugnis, Rn. 265 mit Verweis auf andere Ansicht von Witt, BB 1996, Seite 2194

> als 50 Prozent der zurückgelegten Zeiten seiner Berufstätigkeit. Soll ein Arbeitszeugnis über die gesamte Zeit der Berufstätigkeit ausgestellt werden, kann hier die Freistellungszeit nicht unberücksichtigt bleiben. Auch wenn die Zeit der Freistellung selbst nicht bewertet wird, weil sich die MAV-Arbeit einer Bewertung durch den Dienstgeber entzieht, muss der Dienstgeber als Zeugnisaussteller diese Zeit erwähnen dürfen.

Das Bundesarbeitsgericht hat sich dazu wie folgt geäußert:
„Verlangt der Arbeitnehmer ein qualifiziertes Zeugnis für die gesamte Zeit, so wird nach dem Gebot der Zeugniswahrheit die Freistellung im Zeugnis erwähnt."[22]

Allerdings kann ein Mitarbeiter kein zweites Zeugnis verlangen, um mit zwei getrennten Zeugnissen zukünftig bei Bewerbungen agieren zu können.[23] Im Einvernehmen zwischen Dienstgeber und Mitarbeiter kann die Ausstellung eines zweiten Zeugnisses selbstverständlich vereinbart werden.

5. Schlussformulierungen

Da Schlussformulierungen in Zeugnissen oft Streitgegenstand sind, werden sie hier ausführlich thematisiert.

5.1 Beendigungsgrund

Der Grund für die Beendigung des Arbeitsverhältnisses wird im Arbeitszeugnis üblicherweise nicht genannt. Es besteht auch **kein Rechtsanspruch** darauf.[24]

---

[22] BAG, Urteil vom 19.8.1992, 7 AZR 262/91 (zur Personalratstätigkeit)
[23] LAG Köln, Urteil vom 6.12.2012, 7 Sa 583/12
[24] LAG Berlin-Brandenburg, Urteil vom 25.1.2007, 5 Sa 1442/06

Es kann aber sinnvoll sein, den Beendigungsgrund zu erwähnen. Dies trifft beispielsweise bei einer Teilschließung und der damit verbundenen betriebsbedingten Kündigung einer Mitarbeiterin zu. Hier könnte sonst der falsche Eindruck beim Zeugnislesenden erzeugt werden, dass ihre Kündigung aus personen- oder verhaltensbedingten Gründen erfolgt ist. Insoweit hat das Bundesarbeitsgericht[25] festgestellt: *„Nach dem Grundsatz der Wahrheit kann der Arbeitgeber berechtigt oder sogar verpflichtet sein, eine **von ihm ausgesprochene Kündigung** im Zeugnis zum Ausdruck zu bringen (z. B. bei Kündigung wegen Betriebsstilllegung oder wegen Arbeitsmangels)."*

In den allermeisten Zeugnissen finden sich hingegen **Hinweise** darauf, wer gekündigt hat. Ist vom Mitarbeitenden auf ordentlichem Wege selbst gekündigt worden, wird oft die folgende Formulierung verwendet: *„Er/Sie verlässt uns auf eigenen Wunsch."*

Das Landesarbeitsgericht Köln stellt zum Beendigungsgrund fest:
„Es ist allgemein nicht üblich und auch grundsätzlich nicht zulässig, im Zeugnis darauf hinzuweisen, wer gekündigt hat und welches die Beendigungsgründe sind. Das vom Arbeitgeber geschuldete Wohlwollen macht es erforderlich, die (unwirksame) Kündigung und das Kündigungsschutzverfahren unerwähnt zu lassen. Andererseits hat jedoch der Arbeitnehmer einen Rechtsanspruch auf die Erwähnung des Beendigungssachverhalts, wenn das Arbeitsverhältnis durch seine eigene Kündigung sein Ende gefunden hat. Der Anspruch ist in diesem Falle darin begründet, dass es sich um einen Umstand handelt, der für den Arbeitnehmer bei einer neuen Bewerbung günstig sein kann."[26]

In diesem besonderen Fall war das Arbeitsverhältnis im Gerichtsverfahren durch einen Auflösungsantrag beendet worden. Dies konnte so aber im Zeugnis nicht „wahrheitsgemäß" erwähnt werden, weil daraus eine Benachteiligung des Arbeitnehmers entstehen könnte. Deshalb entschied das Landesarbeitsgericht:

---

[25] BAG, Urteil vom 23.6.1960, 5 AZR 560/58
[26] LAG Köln, Urteil vom 29.11.1990, 10 Sa 801/90

"Das seitens der Beklagten als Arbeitgeberin dem Kläger bei der Zeugniserteilung geschuldete Wohlwollen in der wahrheitsgemäßen Zeugnisformulierung bedeutet im vorliegenden Fall, dass sich die schriftliche Aussage auf die objektiven Gegebenheiten, nämlich den im Auflösungsantrag des Klägers tatsächlich enthaltenen Wunsch und auf das objektive rechtliche Ergebnis, nämlich die tatsächlich herbeigeführte Beendigung des Arbeitsverhältnisses beschränkt. Das rechtlich geschuldete Wohlwollen der Beklagten findet in dem zu erteilenden Zeugnis erst dann seinen Ausdruck, wenn der Beendigungssachverhalt mindestens mit diesen tatsächlichen Hinweisen angesprochen wird."[27]

Kündigt hingegen der Dienstgeber, ist oft eine Formulierung wie *„Das Arbeitsverhältnis endete am..."* zu lesen. Hier ist Vorsicht geboten. Denn es geht daraus nicht klar hervor, auf wessen Initiative hin das Arbeitsverhältnis endete. Eine solche Formulierung ist dennoch zulässig. Der unbefangene Zeugnislesende wird hier richtigerweise eine dienstgeberseitige Kündigung vermuten, die mit dieser Formulierung neutral ausgedrückt werden soll. Ein Arbeitnehmer hat allerdings keinen Anspruch darauf, in der Schlussformel den Beendigungsgrund „aus betriebsbedingten Gründen" genannt zu bekommen, wenn sich die Beendigung aus anderen Formulierungen ergibt. So ist bei der Auflösung einer Anwaltskanzlei die Formulierung: *„Ich bedauere, mich von Frau K trennen zu müssen, weil ich eine Stellung im akademischen Bereich anstrebe"* durch einen Rechtsanwalt hinzunehmen.[28]

Bei einem **gerichtlichen Vergleich** ist nach dem Landesarbeitsgericht Baden-Württemberg[29] Folgendes zu beachten: *„Vereinbaren Arbeitgeber und Arbeitnehmer nach fristloser Kündigung des Arbeitnehmers in einem gerichtlichen Vergleich die Auflösung des Arbeitsverhältnisses, so kann der Arbeitnehmer im Zeugnis die Bestätigung verlangen, dass das Arbeitsverhältnis im beiderseitigen Einvernehmen aufgelöst worden ist. Die einfache Angabe, dass das Arbeitsverhältnis am ... endete, genügt nicht."*

---

[27] LAG Köln, a. a. O.
[28] LAG Niedersachsen, Urteil vom 18.6.2008, 17 Sa 1679/07
[29] LAG Baden-Württemberg, Urteil vom 9.5.1968, 4 Sa 22/68, 4 Sa 23/68

So heißt es auch in einer anderen Entscheidung eines Landesarbeitsgerichts[30]:
„*Ist das Arbeitsverhältnis auf den Auflösungsantrag des Arbeitnehmers gemäß §§ 9, 10 Kündigungsschutzgesetz durch Urteil aufgelöst worden, dann kann der Arbeitnehmer beanspruchen, dass der Beendigungsgrund mit der Formulierung „auf seinen Wunsch beendet" erwähnt wird.*"

5.2 Dankesformel

Dieser Teil besteht aus der Bedauernsformel, dem Dank und den guten Wünschen. Hierzu gibt es allerdings **keine einheitliche Rechtsprechung.**

Das Arbeitsgericht Berlin[31] hat entschieden:
„*Arbeitnehmer haben regelmäßig einen Anspruch auf Aufnahme einer so genannten Dankes- und Zukunftsformel in das qualifizierte Zeugnis nach § 630 Satz 2 BGB. Das Fehlen einer derartigen Formel kann einen ansonsten positiven Gesamteindruck entwerten und damit das berufliche Fortkommen des Arbeitnehmers gefährden. Etwas anderes kann nur ausnahmsweise gelten, wenn triftige Gründe gegen die Aufnahme der Dankes- und Zukunftsformel in das Zeugnis sprechen. Dies muss der Arbeitgeber darlegen und beweisen.*"

Das Arbeitsgericht setzt sich mit dieser Entscheidung in Widerspruch zu einem höchstrichterlichen Urteil aus dem Jahr 2001. Denn das Bundesarbeitsgericht[32] hat festgestellt: „*Der Arbeitgeber ist gesetzlich nicht verpflichtet, das Arbeitszeugnis mit Formulierungen abzuschließen, in denen er dem Arbeitnehmer für die gute Zusammenarbeit dankt und ihm für die Zukunft alles Gute wünscht.*"

Das Landesarbeitsgericht Düsseldorf[33] wiederum bejaht eine Dankes- und Wunschformel für den Fall, dass das Zeugnis im Übrigen eine gute Leistung und Führung beinhaltet und stellt fest:

---

[30] LAG Köln, Urteil vom 29.11.1990, 10 Sa 801/90
[31] ArbG Berlin, Urteil vom 7.3.2003, 8 Ca 604/03
[32] BAG, Urteil vom 20.2.2001, 9 AZR 44/00
[33] LAG Düsseldorf, Urteil vom 3.11.2010, 12 Sa 974/10

„*Im Rahmen des § 109 GewO sind wechselseitig kleinere, ephemere Unvollkommenheiten hinzunehmen (...) Dementsprechend hat der Arbeitgeber, dem gesetzlich die wohlwollende Betrachtung des Gesamtbildes angesonnen wird, das Arbeitsverhältnis bzw. das Arbeitszeugnis nach guter Leistung und Führung mit dem Dank an den Arbeitnehmer für die geleistete Arbeit und guten Wünschen für den weiteren Berufsweg ausklingen zu lassen.*"

Weiter heißt es in dieser Entscheidung: „*Indem das Zeugnis typischerweise verwendet wird für Bewerbungen in Deutschland und namentlich in der Region des bisherigen Wohn- und Arbeitsortes, kommt es darauf an, was ein potentieller Arbeitgeber im Deutschen und – wie hier – im rheinischen Kultur- und Sprachraum in Kenntnis der Gebräuchlichkeiten nach Form, Inhalt und Sprache von einem Arbeitszeugnis erwartet. Dazu zählt die Wahrung von Höflichkeitsformeln. Höflichkeit ist Rheinkultur. Ebenso wird sie stets und zu Recht als ein Grundwert der deutschen Leitkultur u. a. neben Disziplin, Pünktlichkeit und Rücksichtnahme genannt. Höflichkeit manifestiert sich in freundlicher Konzilianz: ‚Die wahre Höflichkeit besteht darin, dass man einander mit Wohlwollen entgegenkommt. Sobald es uns an diesem nicht gebricht, tritt sie ohne Mühe hervor (Rousseau, Émile 2,4).*"[34]

Die **Verweigerung der Schlussformel** in einem Zeugnis kann das Persönlichkeitsrecht des Zeugnisempfängers berühren. Denn der Arbeitgeber zeigt damit insbesondere auch gegenüber den Lesern des Zeugnisses, dass er dem Arbeitnehmer gegenüber jedenfalls zum Schluss der Zusammenarbeit hin nicht mehr den Respekt und die Wertschätzung entgegengebracht hat, die für das gute Gelingen eines Arbeitsverhältnisses erforderlich sind. Angesichts der **unbestreitbaren Üblichkeit solcher Schlussformeln** geht die Verweigerung der Schlussformel mit einer sozusagen öffentlich dokumentierten Kränkung des Arbeitnehmers einher. Bei konkreten Anhaltspunkten, die darauf hindeuten, dass der Arbeitgeber den ausgeschiedenen Arbeitnehmer durch die Verweigerung der Schlussformel in diesem Sinne schädigen will, kann daher ein Anspruch auf eine verkehrsübliche Schlussformel im qualifizierten Abschlusszeugnis aus § 241 Abs. 2 Bürgerliches Gesetzbuch (BGB) folgen.[35]

---

[34] LAG Düsseldorf, a. a. O.

[35] LAG Mecklenburg-Vorpommern, Urteil vom 2.4.2019, 2 Sa 187/18

VI. Zeugnissprache und Zeugnistechniken

Das Landesarbeitsgericht Düsseldorf kritisiert die bisherige Rechtsprechung des Bundesarbeitsgerichts in einer neuen Entscheidung[36] deutlich:

„Dass umgekehrt kein Rechtsanspruch auf Äußerung üblicher und erwartbarer wie erwarteter Höflichkeit in einem Arbeitszeugnis gegenüber dem zu dessen wohlwollender Erteilung verpflichteten Arbeitgeber bestehen sollte, erschließt sich vor diesem Hintergrund nicht … es wirft zudem bei dem kundigen Zeugnisleser die Frage auf, ob „da nicht doch etwas Erhebliches vorgefallen ist … Es ist ein Gebot von Anstand und Höflichkeit, sich selbst für eine durchschnittliche, also eben den durchschnittlichen Erwartungen entsprechende Leistung und eine entsprechende Führung im Arbeitsverhältnis an dessen Ende zu bedanken."

Nach dieser Entscheidung soll dies erst recht gelten bei leicht oder sogar deutlich überdurchschnittlichen Beurteilungen. Gleiches gelte für gute Zukunftswünsche. Dass man auch weiterhin viel Erfolg wünsche, wenn man kurz zuvor im Zeugnis noch eine „nachhaltige und erfolgreiche" Verfolgung der vereinbarten Ziele bescheinigt habe, verstehe sich als Gebot der Höflichkeit und des Anstands in einer zivilisierten Gesellschaft ebenfalls. In der Urteilsbegründung heißt es, letztlich habe sich die Beklagte nicht den Geboten von Höflichkeit und Anstand entzogen oder entziehen wollen, sondern maßgeblich auf eine fehlende Pflicht zur Erteilung einer Schlussformel nach der bisherigen BAG-Rechtsprechung berufen. Das wiederum könne aber nicht ernsthaft die vom Bundesarbeitsgericht mit seiner (zuletzt im Jahr 2012 bestätigten) Rechtsprechung intendierte Folge sein. Daher sieht das Landesarbeitsgericht Anlass zu einer maßvollen Korrektur dieser Rechtsprechung. Gemäß dieser Rechtsmeinung hat ein Arbeitnehmer, dem ein einwandfreies Verhalten und (zumindest leicht) überdurchschnittliche Leistungen attestiert werden, einen Rechtsanspruch auf den Ausspruch von Dank und guten Wünschen für die Zukunft. Dies gilt jedenfalls dann, soweit dem nicht im Einzelfall berechtigte Interessen des Arbeitgebers entgegenstehen und folgt aus dem Rücksichtnahmegebot gemäß § 241 Abs. 2 BGB, welches die Leistungspflicht nach § 109 GewO insoweit konkretisiert.

---

[36] LAG Düsseldorf, Urteil vom 12.1.2021, 3 Sa 800/20

Entgegen der Auffassung des Bundesarbeitsgerichts hat sich in der Personalpraxis die **Nennung der vollständigen Schlussformel** durchgesetzt. Sie nicht oder nur unvollständig zu nennen, weckt den Argwohn des unbefangenen Zeugnislesenden. Sie sollte daher möglichst vollständig (natürlich mit möglichen Bewertungsabstufungen!) aufgeführt werden.

Empfehlenswert ist folgende Formulierung: *„Herr Muster scheidet mit dem heutigen Tag auf eigenen Wunsch aus unserem Unternehmen aus. Wir bedauern diese Entscheidung sehr, da wir einen wertvollen Mitarbeiter verlieren. Wir danken ihm für seine sehr gute Mitarbeit und wünschen ihm weiterhin viel Erfolg und persönlich alles Gute."*

In einem Zwischenzeugnis könnte folgendermaßen formuliert werden: *„Dieses Zwischenzeugnis wird auf Wunsch von Herrn Muster erstellt. Das Arbeitsverhältnis mit ihm ist ungekündigt und unbefristet. Wir bedanken uns an dieser Stelle für die bisherige Tätigkeit und freuen uns auf eine Fortsetzung der guten und vertrauensvollen Zusammenarbeit."*

 Das Wichtigste im Überblick:

Die Formulierung eines Arbeitszeugnisses ist ausschließlich Sache (und Verantwortung!) des Dienstgebers. Mitarbeitende haben keinen Anspruch auf Wunschformulierungen. Vorsicht ist immer dann geboten, wenn typische Inhalte fehlen. Schönfärberei und „geheime Codes" sind zu vermeiden. Soweit Unterbrechungen im Arbeitsverhältnis mehr als die Hälfte der Gesamtdauer ausmachen, sind sie zu erwähnen. Darüber hinaus gibt es besondere Regeln und Verbote. So darf eine Tätigkeit in der MAV nicht erwähnt werden. In der Personalpraxis haben sich vollständige Schlussformulierungen durchgesetzt.

VII. Formvorgaben für Zeugnisse

In den einschlägigen Rechtsgrundlagen finden sich außer dem Gebot der Schriftlichkeit keine Aussagen zur äußeren Form von Arbeitszeugnissen. Solche Formvorgaben ergeben sich aber aus unzähligen Entscheidungen des Bundesarbeitsgerichts und der Instanzgerichte. Nach höchstrichterlicher Rechtsprechung darf die äußere Form des Zeugnisses nicht den Eindruck erwecken, dass sich der Aussteller vom buchstäblichen Wortlaut seiner Erklärung distanziert.[1] Arbeitszeugnisse dürfen nicht auf Vor- und Rückseite bedruckt sein und auch keine Schreibfehler enthalten. Der Zeugnisempfänger hat **Anspruch auf ein fehlerfreies Arbeitszeugnis.** Das Zeugnis muss mit dem Wort „Zeugnis" überschrieben sein.[2] Außerdem ist es auf dem Geschäftsbogen des Arbeitgebers mit der vollen Anschrift des Arbeitgebers und dem Ausstellungsort auszustellen. Mit den Detailfragen befassen sich die nachfolgenden Ausführungen.

1. Schriftformzwang und Unterschrift

Ein Arbeitszeugnis ist schriftlich zu erteilen. Das Schriftformerfordernis geht zurück auf § 109 Abs. 1 Satz 1 Gewerbeordnung (GewO) und ist auch in der heutigen Zeit (noch) gültig. Die Erteilung in elektronischer Form wird von Gesetzes wegen ausdrücklich verboten (vgl. dazu § 109 Abs. 3 GewO: *„Die Erteilung des Zeugnisses in elektronischer Form ist ausgeschlossen."*). Die Begründung zu dieser Regelung stammt allerdings aus dem Jahr 2002 und ist damit fast 20 Jahre alt. Vermutlich wird es zukünftig auch zur **Digitalisierung von Arbeitszeugnissen** kommen, zumal die digitale Bewerbung bereits vielfach zum Standard in der Personalpraxis gehört.

---

[1] BAG, Urteil vom 20.2.2001, 9 AZR 44/00
[2] LAG Düsseldorf, Urteil vom 23.5.1995, 3 Sa 253/95

Soweit durch Gesetz die Schriftform für Zeugnisse vorgesehen ist, muss die Urkunde (hier: das Zeugnis) vom Aussteller[3] **eigenhändig unterzeichnet** werden. Arbeitszeugnisse sind daher vom Zeugnisaussteller handschriftlich zu unterzeichnen. Lässt sich der Arbeitgeber bei der Zeugnisausstellung vertreten, so sind in einem solchen Fall das Vertretungsverhältnis und die Funktion des Unterzeichners anzugeben, weil die Person und der Rang des Unterzeichnenden Aufschluss über die Wertschätzung des Arbeitnehmers und die Kompetenz des Ausstellers zur Beurteilung des Arbeitnehmers und damit über die Richtigkeit der im Zeugnis getroffenen Aussagen gibt.[4] Der Vertreter muss – aus dem Zeugnis ablesbar – ranghöher als der Zeugnisempfänger sein.

Dabei muss es sich um eine **dokumentenechte Unterschrift** handeln.[5] Unterschriften mit Bleistift sind nicht zu akzeptieren. Außerdem darf die Unterschrift keine Smileys enthalten.[6] Eine Unterschrift ist auch nicht ordnungsgemäß, wenn der Arbeitgeber eine überdimensionierte, im Wesentlichen aus bloßen Auf- und Abwärtsbewegungen bestehende Unterschrift unter das Zeugnis setzt, da dies den Eindruck erwecken kann, er wolle sich vom Zeugnisinhalt distanzieren.[7] Ebenso darf die Unterschrift nicht quer zum Zeugnistext verlaufen.[8]

Hat sich der Arbeitgeber in einem gerichtlichen Vergleich zur Erteilung eines Zeugnisses verpflichtet, das die **Unterschrift eines bestimmten Vorgesetzten** trägt, so wird die Erfüllung dieser Leistung für den Arbeitgeber unmöglich, wenn der Arbeitnehmer aus dem Betrieb ausgeschieden ist. Eine Klage gegen den Arbeitnehmer hätte in aller Regel keine Aussicht auf Erfolg, weil den Arbeitnehmer nach Beendigung des Arbeitsverhältnisses nach §§ 242, 241 Abs. 2 BGB keine nachwirkende Verpflichtung trifft, ein Zeugnis zu unterschreiben.[9]

---

[3] Zur Person des Zeugnisausstellers ab Seite 74 f.
[4] BAG, Urteil vom 26.6.2001, 9 AZR 392/00
[5] LAG Bremen, Urteil vom 23.6.1989, 4 Sa 320/88
[6] ArbG Kiel, Urteil vom 18.4.2013, 5 Ca 80b/13
[7] LAG Nürnberg, Urteil vom 3.8.2005, 4 Ta 153/05
[8] LAG Hamm, Urteil vom 27.7.2016, 4 Ta 118/16
[9] LAG Hessen, Beschluss vom 16.2.2021, 10 Ta 350/20

2. Zeugnisdatum

Das Zeugnisdatum, mit dem ein Endzeugnis versehen wird, hat regelmäßig den Tag der rechtlichen Beendigung des Arbeitsverhältnisses zu bezeichnen, nicht dagegen den Tag, an dem das Zeugnis tatsächlich physisch ausgestellt worden ist.[10]

3. Papierausdruck

Arbeitszeugnisse sind grundsätzlich **auf einem Firmenbogen** auszustellen.[11] Dabei bleibt allerdings das Anschriftenfeld unausgefüllt. Denn die Rechtsprechung[12] ist der Auffassung, dass ein ausgefülltes Anschriftenfeld den Eindruck erwecken könnte, es habe zum Zeugnis bereits einen Schriftverkehr gegeben. Rosafarbenes Papier ist nicht geeignet, um einen Zeugnisanspruch ordnungsgemäß zu erfüllen.[13]

Das Arbeitszeugnis wird üblicherweise auf einem **DIN A4-Bogen** ausgedruckt. Bei dem qualifizierten Zeugnis geht man von einem Mindestumfang von einer DIN A4-Seite aus. Es ist im Übrigen in einer üblichen und einheitlichen Maschinenschrift auszudrucken.[14] Dabei sind übliche Zeilenabstände, Seitenränder und Schriftgrößen zu verwenden. Im Textverlauf dürfen keine Kursiv- oder Fettdrucke vorgenommen werden.

---

[10] LAG Köln, Beschluss vom 27.3.2020, 7 Ta 200/19
[11] BAG, Urteil vom 3.3.1993, 5 AZR 182/92
[12] ArbG Heilbronn, Urteil vom 17.12.1998, 1 Ca 476/98; ArbG Köln, Urteil vom 5.3.2013, 13 Ca 2497/12
[13] LAG Schleswig-Holstein, Beschluss vom 23.6.2016, 1 Ta 68/16
[14] BAG, Urteil vom 3.3.1993, 5 AZR 182/92

4. Rechtschreibung und Orthografie

Schreibfehler sind zu korrigieren.[15] Im Zeitalter von Computerprogrammen, die standardmäßig mit einer Rechtschreibkontrolle ausgestattet sind, hat der Zeugnisempfänger Anspruch auf ein **von Schreibfehlern freies** Arbeitszeugnis. Da derartige Fehler nicht mehr als Ausdruck der individuellen Rechtschreibschwäche des Zeugnisausstellenden gedeutet werden können und regelmäßig vermeidbar sind, geben sie Anlass zu der negativen Vermutung, der Aussteller könnte sich damit – durch bewusst mangelnde Sorgfalt - vom Inhalt des Zeugnisses distanzieren.[16]

Ein Arbeitszeugnis darf darüber hinaus **keine Korrekturen, Einrisse, Flecken** usw. enthalten. Es muss, wie es bei allen anderen Dokumenten auch üblich ist, ungelocht bleiben. Eine Ausnahme besteht allerdings, soweit ein kleines handwerkliches Unternehmen nur über gelochtes Geschäftspapier verfügt. In diesem Fall stellt die Verwendung des gelochten Geschäftspapiers für die Erteilung eines Zeugnisses kein nach § 109 Abs. 2 Satz 2 GewO verbotenes Geheimzeichen dar.[17]

5. Zeugnisversand

Das Zeugnis darf beim Versand nicht zugleich als Anschreiben dienen. Das Adressfeld auf dem Firmenbogen darf daher nicht ausgefüllt sein.[18] Es ist für das Anschreiben ein gesondertes Blatt zu verwenden.

---

[15] LAG Düsseldorf, Urteil vom 25.3.1995, 3 Sa 253/95
[16] LAG Hessen, Urteil vom 19.7.2017, 8 Ta 133/17, anknüpfend an Urteil vom 21.10.2014, 12 Ta 375/14
[17] LAG Nürnberg, Urteil vom 11.7.2019, 3 Sa 58/19
[18] LAG Hamburg, Beschluss vom 7.9.1993, 7 Ta 7/93

Der Arbeitgeber trägt die **Kosten für die Versendung**. Wünscht der Zeugnisempfänger einen Versand per Einschreiben, hat er selbst die Mehrkosten zu tragen.[19]

Das Bundesarbeitsgericht lässt auch die **gefaltete / geknickte Versendung** eines Arbeitszeugnisses zu. Das Gericht stellt dafür auf die „Kopierfähigkeit" ab.[20] Der gefaltete Postversand von Zeugnissen deutet zwar nach Auffassung der Rechtsprechung auf einen „sorglosen Umgang" des Arbeitgebers mit Geschäftsunterlagen hin. Diesen Eindruck könne der Arbeitnehmer aber vermeiden, wenn er die *„entfaltete Urkunde in einer Dokumentenhülle verwahrt."*[21] Diese Rechtsauffassung wird überwiegend abgelehnt. Das Zeugnis sollte vom äußeren Erscheinungsbild her seiner Bedeutung gerecht werden und daher ungeknickt, ungetackert und ungelocht erteilt werden müssen, unabhängig davon, was in der Kopie sichtbar ist oder nicht.[22]

Einen Anspruch auf ein **ungetackertes** Zeugnis hat der Zeugnisempfänger ebenfalls nicht. Dabei kommt es nach der Rechtsprechung nicht an *„auf seine subjektiven Vorstellungen, die er zu einer allgemein verschlüsselten Bedeutung der Verwendung von Heftklammern entwickelt hat"*.[23] Das Landesarbeitsgericht Rheinland-Pfalz stellt in dieser Entscheidung fest: *„Das erteilte Arbeitszeugnis besteht aus zwei Seiten. Auch wenn eine feste körperliche Verbindung einzelner Blätter einer Urkunde, die (nur) am Ende des Textes unterzeichnet ist, nach der sog. Auflockerungsrechtsprechung*[24] *nicht erforderlich ist, stellt es kein unzulässiges Geheimzeichen dar, wenn der Arbeitgeber die Blätter des Zeugnisses mit einem Heftgerät körperlich miteinander verbindet (ugs. „tackert").* In dem konkreten Fall kamen die Richter zu dem Ergebnis, es gebe *„keinerlei Belege dafür, dass ein getackertes Zeugnis einem unbefangenen Arbeitgeber mit Berufs- und Branchenkenntnis signalisiert, der Zeugnisaussteller sei mit dem*

---

[19] LAG Hessen, Urteil vom 1.3.1984, 10 Sa 858/83
[20] BAG, Urteil vom 21.9.1999, 9 AZR 893/98
[21] BAG, a. a. O.
[22] Schleßmann, Das Arbeitszeugnis, Rn. 449 mit weiteren Nachweisen
[23] LAG Rheinland-Pfalz, Urteil vom 9.11.2017, 5 Sa 314/17
[24] Danach ist eine feste körperliche Verbindung der einzelnen Blätter einer Urkunde nicht erforderlich, wenn sich deren Einheitlichkeit aus anderen Merkmalen zweifelsfrei ergibt.

*Arbeitnehmer nicht zufrieden gewesen."*²⁵ Das Bundesarbeitsgericht hatte bereits zuvor in einem Zeugnisstreit aus dem Jahr 2011 klar gestellt, *„dass es auf die Sicht des objektiven Empfängerhorizonts und nicht auf eine vereinzelt geäußerte Rechtsauffassung ankommt, selbst wenn sie teilweise auch in sog. Übersetzungslisten zu Geheimcodes im Internet und in der Literatur wiedergegeben wird."*²⁶

Das Wichtigste im Überblick:

Nach höchstrichterlicher Rechtsprechung darf die äußere Form eines Arbeitszeugnisses nicht den Eindruck erwecken, dass sich der Aussteller vom buchstäblichen Wortlaut seiner Erklärung distanziert. Auf verschiedene Eigenschaften gibt es einen Rechtsanspruch:

Zeugnisform	Rechtsanspruch?
Schriftform	Ja
Dokumentenechte Unterschrift	Ja
Angabe des Datums der Beendigung des Arbeitsverhältnisses	Ja
Verwendung des Firmenbogens	Ja
Papierausdruck im DIN A4-Format	Ja
Keine Schreibfehler, Korrekturen, Risse, Flecken	Ja
Ungelochtes Zeugnis	Ja
Ungefaltetes Zeugnis	Nein
Ungetackertes Zeugnis	Nein

---

[25] LAG Rheinland-Pfalz, a. a. O.
[26] Vgl. BAG, Urteil vom 15.11.2011, 9 AZR 386/10

VIII. Durchsetzung des Zeugnisanspruchs

1. Antragserfordernis und Verzicht

Soll das Arbeitszeugnis als Zwischenzeugnis während eines bestehenden Arbeitsverhältnisses erteilt werden, so muss es vom Arbeitnehmer beantragt werden. In manchen Rechtsgrundlagen wird auch verlangt, dass Mitarbeitende ein qualifiziertes Arbeitszeugnis verlangen müssen und ansonsten nur ein einfaches Arbeitszeugnis erhalten.[1] In der Praxis wird allerdings bei zumindest langjähriger Beschäftigung in der Regel meist unaufgefordert ein qualifiziertes Arbeitszeugnis ausgestellt, und zwar unabhängig davon, ob es sich um ein Zwischen- oder Endzeugnis handelt. Der Zeugnisempfänger muss sich in jedem Fall vor Beantragung des Zeugnisses für **eine** Zeugnisart entscheiden. Er hat keinen Anspruch auf die Übersendung eines einfachen und eines qualifizierten Arbeitszeugnisses.[2]

Dem Mitarbeitenden steht es frei, bei Beendigung seines Arbeitsverhältnisses auf die Ausstellung eines Arbeitszeugnisses zu verzichten. Dieser Verzicht ist allerdings nicht **während der Dauer des Arbeitsverhältnisses** möglich, da der Anspruch zu diesem Zeitpunkt noch nicht entstanden ist.[3] Erst nach dem Ende des Arbeitsverhältnisses kann der Zeugnisberechtigte auf die Ausstellung seines Arbeitszeugnisses **wirksam verzichten.**[4] Den Verzicht sollten sich Dienstgeber aus Beweisgründen allerdings stets schriftlich bestätigen lassen.

---

[1] Die Begriffe „einfaches" und „qualifiziertes" Zeugnis sowie die Merkmale dieser unterschiedlichen Zeugnisarten wurden bereits ab Seite 25 (IV. Zeugnisarten, Inhalte und Aufbau) erläutert.
[2] Sächsisches LAG, Urteil vom 26.3.2003, 2 Sa 875/02
[3] LAG Köln, Urteil vom 17.6.2010, 7 Ta 352/09
[4] BAG, Urteil vom 16.9.1974, 5 AZR 255/74

2. Weisungsbefugnis des Zeugnisausstellers

Wie aus den Rechtsgrundlagen ersichtlich, hat der Zeugnisaussteller die Pflicht, das Arbeitszeugnis selbstständig zu erstellen[5] und den Zeugnisempfänger darüber zu informieren, dass das Arbeitszeugnis zur Verfügung steht.[6] Arbeitszeugnisse werden vom Arbeitgeber (Dienstgeber) oder seinem Beauftragten ausgestellt. Dabei kann sich der Arbeitgeber eines **betriebsinternen Vertreters** (Betriebsleiter, Abteilungsleiter, Prokurist, Vorgesetzter) als Erfüllungsgehilfen bedienen.[7] Ein außenstehender Rechtsanwalt kann mit der Ausstellung eines Arbeitszeugnisses dagegen nicht beauftragt werden.[8]

Der Verfasser des Zeugnisses muss **weisungsbefugt** gegenüber dem Anspruchsinhaber sein.[9] Das heißt der Zeugnisaussteller muss stets Vorgesetzter des Zeugnisempfängers oder jedenfalls erkennbar ranghöher sein.[10] Dies gilt auch im öffentlichen Dienst.[11] Das Arbeitszeugnis kann also von einem ranghöheren Vorgesetzten oder von einem leitenden Angestellten als Mitglied der Geschäftsleitung ausgestellt werden. So hat der in der chirurgischen Abteilung eines Krankenhauses beschäftigte Arzt (hier: Oberarzt) einen Anspruch auf ein Arbeitszeugnis, das unter dem Briefkopf der chirurgischen Abteilung abgefasst ist und von den Chefärzten und dem Geschäftsführer des Krankenhauses unterzeichnet wird. Ist das Zeugnis auf dem allgemeinen Briefbogen des Krankenhauses ausgestellt und nur vom Geschäftsführer unterschrieben, genügt es dagegen dem Zeugnisanspruch nicht.[12]

Es versteht sich in einer arbeitsteiligen Organisation von selbst, dass der Arbeitgeber die Verpflichtung zur Zeugnisausstellung auch durch andere

---

[5] LAG Rheinland-Pfalz, Beschluss vom 15.3.2011, 10 Ta 45/11
[6] LAG Hessen, Beschluss vom 19.6.2017, 10 Ta 172/17
[7] BAG, Urteil vom 26.6.2001, 9 AZR 392/00
[8] LAG Hamm, Urteil vom 2.11.1966, 3 Ta 72/66
[9] BAG, Urteil vom 26.6.2001, 9 AZR 392/00
[10] BAG, Urteil vom 16.11.1995, 8 AZR 983/94
[11] BAG, Urteil vom 4.10.2005, 9 AZR 507/04
[12] LAG Hamm, Urteil vom 21.12.1993, 4 Sa 880/93

Betriebsangehörige wahrnehmen lassen kann. Daher gehören zum **Kreis der Zeugnisberechtigten** auch Prokuristen, Generalbevollmächtigte, Handlungsbevollmächtigte, Betriebs- und Werkleiter oder mit Personalangelegenheiten betraute Personen, die insoweit für den Arbeitgeber verbindliche Erklärungen abgeben dürfen, also einstellungs- und entlassungsbefugt im Sinn von § 5 Absatz 3 Nr 1 Betriebsverfassungsgesetz (BetrVG), § 14 Absatz 2 Kündigungsschutzgesetz (KSchG) sind.[13]

Fragen zur Hol- bzw. Bringschuld bei Endzeugnissen wurden bereits auf Seite 20 ausführlich beantwortet.

3. Ausschlussfristen und Verwirkung

Ein Anspruchsinhaber kann seinen Anspruch auf Zeugniserteilung **verwirken.** Ein Recht bezeichnet man dann als verwirkt, wenn seit der Möglichkeit seiner Geltendmachung bereits eine längere Zeit verstrichen ist (Zeitmoment) und besondere Umstände hinzutreten, die eine spätere Geltendmachung als Verstoß gegen Treu und Glauben erscheinen lassen (Umstandsmoment). Die Verwirkung ist eine Einwendung im Rechtssinn. Sie kann dazu führen, dass der Zeugnisanspruch nicht mehr gerichtlich durchgesetzt werden kann, obwohl er grundsätzlich besteht und noch nicht verjährt ist.

Die Verwirkung betrifft solche Fälle, in denen der Arbeitnehmer längere Zeit abwartet und nichts unternimmt, um seinen Zeugnisanspruch durchzusetzen. Das kann bereits nach wenigen Monaten der Fall sein **(Zeitmoment)**. Hinzu kommen muss zu diesem Zeitmoment, dass der Arbeitgeber das Verhalten des Arbeitnehmers nur so auffassen konnte, dass diesem an der Ausstellung eines Arbeitszeugnisses nichts mehr liegt **(Umstandsmoment)**. Nur wenn diese beiden Voraussetzungen zusammen erfüllt sind, ist es dem Arbeitgeber nach einer gewissen Zeit nicht mehr zumutbar, ein Arbeitszeugnis auszustellen.[14]

---

[13] LAG Hamm, Urteil vom 17.6.1999, 4 Sa 2587/98

[14] BAG, Urteil vom 17.2.1988, 5 AZR 638/86

Ob der Anspruch auf ein Arbeitszeugnis verwirkt ist, hängt von den **Umständen des Einzelfalls** ab.[15] Das Bundesarbeitsgericht hat in seiner Entscheidung einen Zeugnisberichtigungsanspruch 5–10 Monate nach Erteilung des streitbefangenen Zeugnisses als verwirkt angesehen. In der Begründung wird argumentiert, der Anspruchsinhaber sei vor der Zeugniserteilung insgesamt dreimal an seinen Arbeitgeber herangetreten und habe die Ausstellung seines Zeugnisses verlangt.[16] Damit habe er zunächst hohes Interesse an einem Zeugnis bekundet und dann – nach Erhalt des Zeugnisses – 10 Monate lang nichts unternommen. Der Zeugnisaussteller durfte deshalb – nach Auffassung des Gerichts – davon ausgehen, der Zeugnisempfänger werde sich alsbald melden, wenn er mit dem zugesandten Zeugnis nicht einverstanden sei. Dieser hatte im vorliegenden Fall zuletzt im Dezember 1983 an seinen Zeugnisanspruch erinnert und dann erst wieder im Oktober 1985 durch einen Rechtsanwalt seinen Zeugnisberichtigungsanspruch geltend gemacht.

Im Zusammenhang mit der Verwirkung des Zeugnisanspruchs sind allerdings die in vielen kirchlichen Regelungen[17] existierenden **Ausschlussfristen** zu beachten. Ausschlussfristen werden in der Regel so formuliert, dass Ansprüche aus dem Arbeitsverhältnis verfallen bzw. erlöschen, wenn sie nicht innerhalb einer bestimmten Frist schriftlich geltend gemacht werden. Dies schützt den Dienstgeber sowie den (ehemaligen) Mitarbeitenden davor, noch nach einer längeren Zeit nach Beendigung eines Arbeitsverhältnisses mit Forderungen konfrontiert zu werden. Ausschlussfristen dienen damit der Rechtsklarheit und dem Rechtsfrieden. Sie sind streng von der Verjährung zu unterscheiden, die als Einrede geltend zu machen ist. Die Ansprüche verfallen nach Ablauf der Ausschlussfrist automatisch.

Ausschlussfristen betragen **in der Regel sechs Monate.** Sie gelten auch für den Zeugnisanspruch. Wird also das Arbeitszeugnis von einem Mitarbeiter oder einer Mitarbeiterin nicht innerhalb dieser Ausschlussfrist geltend gemacht, so ist der Zeugnisanspruch verfallen.

---

[15] BAG, Urteil vom 16.10.2007, 9 AZR 248/07
[16] BAG, a.a. O.
[17] So beispielsweise § 23 AVR Caritas, § 57 KAVO NRW, § 36 BAT-KF u. a.

Die **Ausschlussfristen in der KAVO NRW** sind aufgrund eines aktuellen Urteils des Bundesarbeitsgerichts[18] vermutlich unwirksam. Das Gericht vertritt darin die Auffassung, dass kirchliche Arbeitsrechtsregelungen wie „Allgemeine Geschäftsbedingungen" zu behandeln sind und daher bei Änderung dieser Regeln zwar erleichterten Nachweismöglichkeiten unterliegen sollten, dieses aber explizit nicht für die in der KAVO enthaltenen Ausschlussfristen gelten soll: „*Weist der kirchliche Arbeitgeber dem Arbeitnehmer die Ausschlussfrist nicht im Volltext nach, kann der Arbeitnehmer ggf. im Wege des Schadensersatzes verlangen, so gestellt zu werden, als ob er die Frist nicht versäumt hätte.*"

In **§ 23 AVR Caritas** wurde die Formulierung zur Ausschlussfrist bereits mit Wirkung zum 1.6.2020 geändert. Allerdings fehlt in der novellierten Fassung[19] eine Ausnahme für streitlos gestellte oder anerkannte Ansprüche oder für solche Ansprüche, deren Erfüllung zugesagt wurde. „*Solange in Ausschlussfristen bei kirchlichen Arbeitsvertragsbedingungen keine solche zusätzliche Ausnahmeregelung mit aufgenommen wurde, ist – unabhängig von anderen etwaig noch vorhandenen Unwirksamkeitsgründen – von einer generellen Unwirksamkeit der Ausschlussklausel auszugehen und Ansprüche unterliegen nur der Verjährung oder Verwirkung. Man wird also davon ausgehen müssen, dass die Ausschlussfristen in kirchlichen AVR nochmals geändert werden müssen, um deren Unwirksamkeit zu vermeiden.*"[20]

Sollten die Tarifparteien in Kirche, Caritas und Diakonie dazu keine Änderung beschließen, bliebe lediglich eine erneute höchstrichterliche Klärung. Nur eine **gerichtliche Klärung** kann feststellen, ob die Ausschlussklausel unwirksam ist, wenn es keine Ausnahmeregelung für Ansprüche gibt, die bereits von Dienstgebern anerkannt, aber noch nicht umgesetzt wurden. Die Folgen der Entscheidung des Bundesarbeitsgerichts beschränken sich allerdings nach der bis zum 31.7.2022 geltenden Rechtslage im Wesentlichen auf den fehlenden Nachweis von Ausschlussfristen. Ob sich das mit der Umsetzung der EU-Richtlinie 2019/1152/EU in deutsches Recht ändert, bleibt

---

[18] BAG, Urteil vom 30.10.2019, 6 AZR 465/18; kritisch dazu Münzel, ZAT 2019, Seite 14 ff.

[19] Vgl. Beschluss 2/2020 der AK-Bundeskommission vom 18.6.2020

[20] Vgl. Anmerkung Wiszkocsill, ZMV 2020, Seite 326 zu BAG, Urteil vom 3.12.2019, 9 AZR 44/19

abzuwarten. Denn die BAG-Entscheidung zum Nachweis der Ausschlussfristen betrifft auslaufendes Recht. Das Nachweisgesetz wird durch das Gesetz zur Umsetzung der Richtlinie 2019/1152/EU des Europäischen Parlamentes und des Rates vom 20.6.2019 über transparente und vorhersehbare Arbeitsbedingungen in der EU abgelöst.[21] Hier ist also die weitere Rechtsentwicklung in den Tarifkommissionen des kirchlichen und caritativen Bereichs abzuwarten. Auch im **evangelischen Bereich** finden sich solche Ausschlussfristen. Daher gilt das oben Gesagte ebenfalls für den Bereich der evangelischen Kirche und ihrer Diakonie.

Der Anspruch auf ein Arbeitszeugnis kann auch verjähren, sofern es keine tarifliche Ausschlussfrist gibt.[22] Im Arbeitsrecht (also auch bei der Zeugnisausstellung) führt der **Ablauf der Verjährungsfrist** dazu, dass dem Schuldner (Zeugnisaussteller) von Gesetzes wegen ein Leistungsverweigerungsrecht eingeräumt wird (§ 214 BGB). Beruft sich der Dienstgeber also auf die Einrede der Verjährung, kann der ehemalige Mitarbeitende seinen Zeugnisanspruch nicht mehr gerichtlich durchsetzen. Die regelmäßige Verjährungsfrist beträgt drei Jahre (§ 195 BGB). Sie beginnt mit Ablauf des Jahres, in dem der (Zeugnis-)Anspruch entstanden ist.

Bis die Ausschlussfristen in den kirchlichen Regelungen vollständig und rechtssicher formuliert sind, ist die Geltendmachung eines einfachen Arbeitszeugnisses vor Ablauf der Verjährungsfrist als letzte Möglichkeit für die Durchsetzung eines Anspruchs maßgebend.

---

[21] Spelge, ZAT 2020, Seite 175
[22] Schleßmann, Das Arbeitszeugnis, Rn. 157

4. Bindungswirkung von Zeugnissen

Das einmal ausgestellte Arbeitszeugnis bindet den Arbeitgeber an seine dort getätigten Aussagen.[23] Diese Bindungswirkung ist vor allem bei Zwischenzeugnissen wichtig. Denn eine im Zeugnis verschriftlichte Bewertung der Arbeitsleistung kann nicht so einfach vom Arbeitgeber bei der Ausstellung eines Endzeugnisses rückgängig gemacht werden. Treten keine nachweisbaren Veränderungen in der Leistung oder im Verhalten eines Mitarbeitenden ein, bleibt der Dienstgeber an seine in einem Zwischenzeugnis niedergelegte Beurteilung für den Zeitraum gebunden, auf den sich dieses Zwischenzeugnis erstreckt.[24]

Das gilt auch bei einem **Betriebsübergang,** bei dem das Zwischenzeugnis vom bisherigen Arbeitgeber erstellt wurde und das Endzeugnis vom künftigen Arbeitgeber verlangt wird.[25] Allerdings ist der Arbeitgeber nicht an die wortwörtliche Übernahme der Formulierungen gebunden, sondern lediglich an deren inhaltliche Aussage.[26] Hat ein Arbeitsverhältnis acht Jahre bestanden, ist der Arbeitgeber in aller Regel an eine frühere Leistungs- und Führungsbeurteilung gebunden, die in einem fünf Monate vorher erteilten Zwischenzeugnis stets zur vollen Zufriedenheit beurteilt wird.[27] Die Formulierung in einer **Aufhebungsvereinbarung,** der Arbeitnehmer erhalte ein wohlwollendes, qualifiziertes Zeugnis auf Basis des Zwischenzeugnisses, der Zeugnistext werde auf Basis des Zwischenzeugnisses formuliert, verpflichtet den Arbeitgeber, ein mit dem Zwischenzeugnis inhaltsgleiches Endzeugnis zu erstellen. Der Wortlaut des Zwischenzeugnisses (ca. 8 Monate vorher ausgestellt, *Anm. des Autors*) ist der Beendigung des Arbeitsverhältnisses anzupassen. In diesem Fall ist der Arbeitgeber nicht berechtigt, den Widerruf der Prokura des Arbeitnehmers im Zeugnis aufzuführen.[28]

---

[23] BAG, Urteil vom 21.6.2005, 9 AZR 352/04
[24] BAG, Urteil vom 8.2.1972, 1 AZR 189/71
[25] BAG, Urteil vom 16.10.2007, 9 AZR 248/07
[26] LAG Düsseldorf, Urteil vom 2.7.1976, 9 Sa 727/76
[27] BAG, Urteil vom 16.10.2007, 9 AZR 248/07
[28] LAG Niedersachsen, Urteil vom 13.3.2007, 9 Sa 1835/06

5. Haftungsfragen

5.1 Schadenersatzanspruch des Zeugnisempfängers

Ein Schadenersatzanspruch ist verbunden mit dem noch bestehenden Zeugnisanspruch. Ist dieser erloschen, besteht auch kein Anspruch des Zeugnisempfängers auf Schadenersatz. Wenn der Dienstgeber es verpasst, dem Mitarbeitenden rechtzeitig sein Arbeitszeugnis zu übergeben bzw. es ihm zu übersenden, kann das unter Umständen Schadenersatzansprüche auslösen: *„Verletzt der Arbeitgeber schuldhaft seine Pflicht, dem Arbeitnehmer rechtzeitig ein ordnungsgemäßes Zeugnis zu erteilen, haftet er dem Arbeitnehmer für den Minderverdienst, der diesem dadurch entsteht, dass er bei Bewerbungen kein ordnungsgemäßes Zeugnis vorweisen kann."*[29]

5.2 Schadenersatzanspruch des Arbeitgebers

Stellt der Arbeitgeber ein inhaltlich falsches Arbeitszeugnis aus, kann er sich unter Umständen wegen einer sittenwidrigen vorsätzlichen Schädigung nach § 826 BGB gegenüber einem anderen Arbeitgeber schadenersatzpflichtig machen.[30] Die Voraussetzungen für den Schadenersatzanspruch sind erfüllt, wenn der Arbeitgeber in das Zeugnis **wissentlich unwahre Angaben aufnimmt** und zumindest billigend die Schädigung anderer Arbeitgeber in Kauf nimmt. Die Ausstellung des falschen Zeugnisses muss objektiv gegen die guten Sitten verstoßen. Die Sittenwidrigkeit ergibt sich nach der Rechtsprechung daraus, dass ein solches Arbeitszeugnis (mit) dazu beiträgt, dem Bewerber die Möglichkeit zu eröffnen, Vermögen und/oder Eigentum des neuen Arbeitgebers zu beschädigen.[31]

---

[29] LAG Hamburg, Urteil vom 25.1.1994, 2 Sa 98/93
[30] BGH, Urteil vom 26.11.1963, VI ZR 221/62
[31] LAG Nürnberg, Urteil vom 16.6.2009, 7 Sa 641/08 (mit Verweis auf BGH, Urteil vom 15.5.1979, IV ZR 230/76)

Stellt der bisherige Dienstgeber ein unrichtiges Zeugnis aus, läuft er damit Gefahr, sich gegenüber einem neuen Dienst- oder Arbeitgeber des Mitarbeitenden haftungsrechtlich verantworten zu müssen. Ein Schadenersatzanspruch kann sich aus § 826 BGB ergeben, wenn die dort genannten strengen Voraussetzungen einmal erfüllt sind.[32] Ähnlich liegt der Fall, wenn der Arbeitnehmer wegen des unrichtigen Zeugnisses erst gar nicht eingestellt wurde. Der Arbeitnehmer ist allerdings **darlegungs- und beweispflichtig** dafür, dass der potenzielle Arbeitgeber bereit gewesen wäre, ihn einzustellen und wegen der unrichtigen Auskunft davon Abstand genommen hat.[33]

5.3 Auskunftsanspruch des Arbeitgebers

Nach einer Entscheidung des Bundesarbeitsgerichts aus dem Jahr 1957[34] ist der Arbeitgeber im Interesse des ausgeschiedenen Arbeitnehmers verpflichtet, einem Arbeitgeber, mit dem der ehemalige Mitarbeiter über den Abschluss eines Arbeitsvertrages in Verhandlung steht, **Auskunft zu erteilen.** Da der Auskunftserteilung zwischen Arbeitgebern über Arbeitnehmer eine ergänzende Funktion neben der Erteilung des Arbeitszeugnisses zukommt, greifen die für das Zeugnis geltenden Regeln sinngemäß auch bei der Auskunftserteilung.[35]

Diese jahrzehntealte Rechtsprechung bezieht sich darauf, dass der Arbeitnehmer wegen der **Fürsorgepflicht** des (ehemaligen) Arbeitgebers beanspruchen kann, dass dieser einem potenziell neuen Arbeitgeber Auskunft über seine Arbeitsleistung erteilt. Diese „nachgelagerte" Fürsorgepflicht kann aber streng genommen nur greifen, wenn der betroffene Mitarbeiter Auskünfte über sich an interessierte Arbeitgeber wünscht. Das Bundesarbeitsgericht vertrat aber in seiner Entscheidung die Auffassung, dass der Arbeitgeber auch **gegen den Willen des ausgeschiedenen Arbeitnehmers** Auskünfte über ihn erteilen kann an Personen, die ein berechtigtes Interesse an einer solchen Auskunft haben.

---

[32] Hofer / Hengstberger, NZA-RR 2020, Seite 118
[33] LAG Niedersachsen, Urteil vom 29.5.2007, 9 Sa 1641/06
[34] BAG, Urteil vom 25.10.1957, 1 AZR 434/55
[35] BAG, a. a. O.

Dies ist aus heutiger Sicht vor dem Hintergrund der **Anforderungen des Datenschutzes** nicht mehr angezeigt. Wegen der Beeinträchtigung der Interessen des Bewerbers ist schon das Auskunftsersuchen von vorneherein als nicht zulässig anzusehen. Verbietet der Bewerber das Einholen von Auskünften ausdrücklich, so kann ihm das selbst wiederum zum Nachteil gereichen. Steht der Bewerber noch in einem ungekündigten Arbeitsverhältnis, überwiegt sein zum Ausdruck kommendes Interesse an Diskretion und am Schutz seines bisherigen Arbeitsverhältnisses.[36] Sofern der Arbeitnehmer jedoch in einem gekündigten Arbeitsverhältnis steht, ist das Auskunftsersuchen prinzipiell zulässig.[37]

In der Personalpraxis gestaltet sich die Situation anders. In den meisten Fällen wendet sich ein möglicher neuer Arbeitgeber an den bisherigen Arbeitgeber, um über die ihm bereits vorliegenden Unterlagen hinaus weitere Informationen über den Bewerber oder die Bewerberin zu erhalten. Ein Arbeitszeugnis enthält personenbezogene Daten gemäß § 4 Nr. 1 KDG.[38] Die Weitergabe dieser Daten darf nur **mit Einwilligung des betroffenen Mitarbeiters** geschehen. Ohne Zustimmung ist der bisherige Dienstgeber nicht zur Auskunftserteilung gegenüber dem neuen Dienstgeber berechtigt.

Daraus folgt für das Auskunftsersuchen des potenziellen neuen Arbeitgebers: Jede Datenerhebung hat direkt beim Betroffenen zu erfolgen. Dieser Direkterhebungsgrundsatz ist zwar im KDG (ebenso in der Datenschutzgrundverordnung und im Bundesdatenschutzgesetz) nicht mehr ausdrücklich verankert, hat aber dennoch für das geltende Recht Bedeutung. Dies ergibt sich nicht zuletzt aus dem in § 7 Abs. 1 lit. a) KDG festgeschriebenen Grundsatz, dass personenbezogene Daten auf rechtmäßige und für die betroffene Person nachvollziehbare Weise verarbeitet werden müssen. Aufgrund des **Rechts auf informationelle Selbstbestimmung** soll der Betroffene selbst entscheiden können, welche ihn betreffenden personenbezogenen Daten verarbeitet

---

[36] Schleßmann, Das Arbeitszeugnis, Rn. 880
[37] Schleßmann, Das Arbeitszeugnis, Rn. 963
[38] § 4 Abs. 1 Nr. 1 DSG-EKD gilt entsprechend für den Bereich der evangelischen Kirche.

werden und welche nicht.[39] Werden Daten des Bewerbers bei Dritten erhoben, ist der Bewerber außerdem gem. § 15 Abs. 1 i. V. m. § 14 Abs. 3 KDG unverzüglich darüber zu informieren.

Die **Übersendung von personenbezogenen Daten** (hier: u. a. Lebenslauf) von einem Bistum zu einem anderen Bistum ohne Vorliegen einer Genehmigung des Betroffenen stellt, soweit keine der sonstigen Voraussetzungen des § 6 Abs. 1 KDG erfüllt ist, eine unbefugte Verarbeitung von personenbezogenen Daten und somit eine Datenschutzverletzung gemäß § 14 Abs. 2 lit. c) Kirchliche Datenschutzgerichtsordnung (KDSGO) dar.[40]

6. Gerichtliche Geltendmachung

Das Recht auf Erteilung oder auf Berichtigung eines Arbeitszeugnisses wird im Klageweg von den Arbeitnehmern und Arbeitnehmerinnen vor den staatlichen Arbeitsgerichten erstritten. Mitarbeitende können klagen, weil sie kein Zeugnis erhalten oder weil das ihnen erteilte Zeugnis entweder fehlerhaft formuliert ist oder unwahre Tatsachen enthält. Dementsprechend stellt sich auch die Beweisführung jeweils anders dar. Geklagt wird entweder auf Leistung (z. B. Zeugnisberichtigung) oder auf Geld (Schadenersatz).

Hat der Dienstgeber sich bisher geweigert, ein Arbeitszeugnis auszustellen oder hat er ein offensichtlich nicht qualifiziertes Arbeitszeugnis (trotz Verlangen) ausgestellt, muss der Mitarbeitende beim Arbeitsgericht eine **Leistungsklage** erheben mit dem Antrag, den Dienstgeber zu verurteilen, ein Arbeitszeugnis auszustellen. Dabei ist zu betonen, dass der Zeugnisempfänger bestimmte Formulierungen oder Redewendungen nicht einklagen kann[41].

---

[39] Maschmann in: Kühling / Buchner, DS-GVO / BDSG, § 26 BDSG Rn. 34
[40] Interdiözesanes Datenschutzgericht (IDSG), Beschluss vom 5.5.2020, IDSG 02/2018
[41] BAG, Urteil vom 29.7.1971, 2 AZR 250/70

Ein Muster für die Klage auf Erteilung eines Arbeitszeugnisses ist im Anhang dieses Buches auf Seite 166 abgedruckt.

Für die Änderung eines Arbeitszeugnisses sind ebenfalls die Arbeitsgerichte zuständig (§ 2 Abs. 1 Nr. 3 e Arbeitsgerichtsgesetz). Für individualrechtliche Streitigkeiten bei Kirche, Caritas und Diakonie sind eigene Schlichtungsstellen gebildet. Diese innerkirchlichen Schlichtungsstellen können bei der **Berichtigung von Zwischenzeugnissen** angerufen werden. Denn dann sind die Zeugnisempfänger noch im Status der „Mitarbeiter" im Sinn der Schlichtungsordnungen und damit berechtigt, die Schlichtungsstelle anzurufen. Sind sie aber (beim Endzeugnis) schon aus dem Arbeitsverhältnis ausgeschieden, ist die Anrufung einer Schlichtungsstelle nicht mehr möglich.

Soweit der Dienstgeber ein Arbeitszeugnis ausgestellt hat, das lediglich in bestimmten Bereichen geändert werden soll, muss der Klageantrag den **genauen Wortlaut der gewünschten Änderung** enthalten. Ansonsten wäre der Antrag zu unbestimmt.[42] Geändert werden können zum Beispiel falsche Statusdaten (z. B. Geburtsdatum), Schreibfehler, Beurteilungen und unvollständig gemachte Angaben. Schreibfehler im Zeugnistext sind grundsätzlich vom Arbeitgeber als Zeugnisaussteller zu berichten. Nur ein Zeugnis, das nach den Regeln der deutschen Sprache zu Papier gebracht ist, kann den gesetzlichen Zeugnisanspruch erfüllen. Denn Rechtschreibfehler geben Anlass zu der negativen Vermutung, der Aussteller des Zeugnisses könnte sich – durch bewusst mangelnde Sorgfalt – vom Inhalt des Zeugnisses distanzieren.[43]

Die Arbeitsgerichte sind berechtigt, das gesamte Zeugnis zu überprüfen und unter Umständen selbst neue Formulierungen einzubringen.[44] Sie können darüber hinaus den Arbeitgeber zur Streichung bestimmter Formulierungen verurteilen.[45]

---

[42] BAG, Urteil vom 14.2.2017, 9 AZB 49/16
[43] LAG Mecklenburg-Vorpommern, Urteil vom 2.4.2019, 2 Sa 187/18
[44] BAG, Urteil vom 24.3.1977, 3 AZR 232/76; LAG Schleswig-Holstein, Urteil vom 7.11.2017, 1 Sa 29/17
[45] LAG Hamm, Urteil vom 17.12.1988, 4 Sa 630/98

Ein Arbeitgeber ist grundsätzlich für die im Zeugnis gemachten Bewertungen **beweispflichtig.** Hat der Arbeitgeber dem Arbeitnehmer allerdings bereits eine durchschnittliche Gesamtleistung bescheinigt, hat der Arbeitnehmer die Tatsachen vorzutragen und zu beweisen, die eine bessere Schlussbeurteilung rechtfertigen sollen.[46]

 Das Wichtigste im Überblick:

In einigen Fällen muss die Ausstellung des Arbeitszeugnisses beantragt werden. Der Verzicht des Mitarbeitenden auf den Erhalt eines Arbeitszeugnisses ist nur nach Beendigung des Arbeitsverhältnisses möglich. Arbeitszeugnisse werden vom Dienstgeber oder seinem Beauftragten ausgestellt. Der Zeugnisanspruch muss zeitnah geltend gemacht werden, da er sonst unter Umständen verwirken kann. Für kirchliche Ausschlussfristen gelten Besonderheiten. Ein einmal ausgestelltes Zeugnis bindet den Arbeitgeber an seine dort getätigten Aussagen. Ohne Zustimmung des ausgeschiedenen Mitarbeitenden ist der Dienstgeber nicht zur Auskunftserteilung gegenüber einem anderen Arbeitgeber berechtigt. Der Anspruch auf Erteilung oder auf Berichtigung eines Arbeitszeugnisses kann im Klageweg vor den staatlichen Arbeitsgerichten erstritten werden.

---

[46] BAG, Urteil vom 18.11.2014, 9 AZR 584/13

IX. Aufgaben der Mitarbeitervertretung

Das Arbeitszeugnis wird regelmäßig als Endzeugnis nach der Beendigung des Arbeitsverhältnisses ausgestellt. Zu diesem Zeitpunkt ist der Zeugnisempfänger schon aus dem **Mitarbeiterbegriff** im Sinn des Mitarbeitervertretungsrechts der Kirchen herausgefallen. Ein bereits ausgeschiedener (ehemaliger) Mitarbeiter kann sich daher nicht mehr wegen seines Endzeugnisses an die Mitarbeitervertretung (MAV) wenden. Die MAV ist nur für Mitarbeiterinnen und Mitarbeiter im Sinne der MAVO (katholische Kirche) bzw. des MVG.EKD (evangelische Kirche) zuständig. Und dies gilt auch nur für **kollektiv-rechtliche Streitigkeiten.** Eine MAV ist daher nicht befugt, die individualrechtlichen Interessen von Mitarbeitern zu verfolgen. Sie kann zum Beispiel nicht anstelle des Mitarbeiters eine Änderung des Arbeitszeugnisses verlangen. Dies muss der Mitarbeiter letztlich selbst (gerichtlich) einklagen.

Bei der **Ausstellung eines Zwischenzeugnisses** ergeben sich aber durchaus Handlungsmöglichkeiten für die MAV. Zwar sehen weder MAVO noch MVG.EKD ein Beteiligungsrecht bei der Erstellung von Arbeitszeugnissen durch den Dienstgeber vor. Dennoch bieten die Regelungen zur Mitbestimmung beider Kirchen gute Ansätze für die MAV, um sich für die Interessen der Mitarbeitenden einzusetzen.

> ▶ **Beispiel**
>
> *Eine Mitarbeiterin möchte sich wegen eines Vorgesetztenwechsels ein Zwischenzeugnis ausstellen lassen. Der Dienstgeber lehnt dies ab. Die Mitarbeiterin holt sich Rat bei der MAV. Was kann die MAV tun?*
>
> *Hier kann sich die MAV auf der Grundlage des § **26 Abs. 3 Nr. 2 MAVO** der Beschwerde annehmen und, falls sie berechtigt erscheint, diese beim*

> Dienstgeber vortragen und auf ihre Erledigung hinwirken. Der Dienstgeber muss von sich aus in angemessener Zeit (in der Regel vier Wochen) der MAV berichten.¹
>
> Im **MVG.EKD** gibt es zwei Ansatzpunkte:
> **§ 35 Abs. 2** betrifft die allgemeinen Anliegen einzelner Beschäftigter. Die MAV soll sich der Anliegen der Beschäftigten annehmen und nach Prüfung, ob sie dieses Anliegen für berechtigt hält, gegenüber der Dienststellenleitung vertreten. **§ 35 Abs. 3 lit. c** konkretisiert diese Regelung. Die MAV ist hier zuständig für die konkreten Beschwerden der Mitarbeitenden und wirkt auf die Erledigung des Anliegens des Mitarbeitenden hin. Dazu hat die MAV Anspruch auf eine Verhandlung mit der Dienststellenleitung.

Diese beiden, nebeneinander bestehenden Regelungen führen in der Praxis allerdings zu Unklarheiten. Daher ist der Gesetzgeber hier gefordert, ein klare und transparente Regelung zu schaffen.²

 Beispiel

Eine Altenpflegerin hat sich wegen ihrer Versetzung ein Zwischenzeugnis erstellen lassen. Der Dienstgeber stellt für die vergangenen vier Jahre auf der Station ein schlechtes Zeugnis aus, bei dem wesentliche Punkte wie z. B. die Bewertung des Fachwissens und Fachkönnens sowie die Gesamtleistungsbewertung fehlen. Welche Hilfe kann die MAV der Mitarbeiterin anbieten?

Wie im obigen Beispiel erläutert, kann sich die MAV gemäß § 26 Abs. 3 Nr. 2 MAVO bzw. § 35 Abs. 3 lit. c. MVG.EKD der Beschwerde annehmen und, falls sie berechtigt erscheint, diese beim Dienstgeber vortragen und auf ihre Erledigung hinwirken. Dies ist wegen der Bindungswirkung des Zwischenzeugnisses

---

¹ Eichstätter Kommentar / Stöcke-Muhlack, § 27 Rn. 29
² Nause in: Joussen / Mestwerdt / Nause / Spelge, MVG-EKD, 2020, § 35 Rn. 45

sehr zu empfehlen. Denn von den im Zwischenzeugnis gemachten Aussagen kann der Dienstgeber nur unter engen Grenzen im Endzeugnis wieder abweichen.

Falls Mitarbeitende mit ihren Zwischenzeugnissen unzufrieden sind, sollten sie sich stets an ihre MAV wenden, um den Sachverhalt mit dem Dienstgeber klären zu lassen. Bei einem Streit über die Bewertung von Arbeitsleistungen kann die **Einsichtnahme in die Personalakte** hilfreich sein. Denn hier können sich Bewertungen des Dienstgebers finden.

Gemäß § 26 Abs. 2 MAVO dürfen Personalakten von Mitarbeiterinnen und Mitarbeitern durch die MAV nur **mit schriftlicher Zustimmung** des Betroffenen eingesehen werden. Dem Mitarbeiter ist daher zu raten, im Konfliktfall seine Zustimmung zur Einsichtnahme durch die MAV zu erteilen. Auch nach § 34 Abs. 4 MVG.EKD dürfen Personalakten nur nach schriftlicher Zustimmung des Betroffenen und nur durch ein von ihm zu bestimmendes Mitglied der MAV eingesehen werden. Im Gegensatz zur MAVO im katholischen Bereich müssen nach dem evangelischen MVG.EKD dienstliche Beurteilungen auf Verlangen der Beurteilten vor der Aufnahme in die Personalakte der MAV zur Kenntnis gebracht werden. Nach dieser Vorschrift haben also Mitarbeitende mehr Rechte, um Bewertungen gegenüber der MAV in einem formalisierten Verfahren prüfen lassen zu können.

Bei der **Einführung von Beurteilungsrichtlinien** für Mitarbeiterinnen und Mitarbeiter hat die MAV nach § 36 Abs. 1 Nr. 6 MAVO ein Zustimmungsrecht. Im MVG.EKD ist das Mitbestimmungsrecht bei der Einführung neuer Beurteilungssysteme im Rahmen der allgemeinen personellen Angelegenheiten in § 39 lit. c MVG.EKD geregelt. Das Aufstellen solcher Beurteilungsrichtlinien kann erhebliche Auswirkungen auf das Erstellen von Arbeitszeugnissen haben, bei denen die konkrete Leistung eines Mitarbeitenden beurteilt wird. Bei entsprechenden (vorgeschriebenen) Dienstvereinbarungen sind diese Auswirkungen daher unbedingt zu berücksichtigen. Das bezieht sich zum Beispiel auf die Frage, welche Leistungsbereiche beurteilt werden. Stehen diese im Einklang mit den durch das Zeugnisrecht vorgegebenen Beurteilungsbereichen (Fachkönnen, Fachwissen, Belastbarkeit usw.)?

> **Das Wichtigste im Überblick:**
>
> Bei der Ausstellung eines Zwischenzeugnisses ergeben sich Handlungsmöglichkeiten für die MAV. Im Rahmen des Beschwerderechts kann sie sich für den Mitarbeiter oder die Mitarbeiterin einsetzen. Falls Mitarbeitende mit ihren Zwischenzeugnissen unzufrieden sind, sollten sie sich stets an ihre MAV wenden, um den Sachverhalt mit dem Dienstgeber klären zu lassen. Bei einem Streit über die Bewertung von Arbeitsleistungen kann die Einsichtnahme in die Personalakte hilfreich sein. Gemäß § 26 Abs. 2 MAVO dürfen Personalakten von Mitarbeitenden durch die MAV nur mit schriftlicher Zustimmung des Betroffenen eingesehen werden. Bei der Einführung von Beurteilungsrichtlinien hat die MAV nach § 36 Abs. 1 Nr. 6 MAVO ein Zustimmungsrecht. Im MVG.EKD ist das Mitbestimmungsrecht bei der Einführung neuer Beurteilungssysteme im Rahmen der allgemeinen personellen Angelegenheiten in § 39 Buchstabe c MVG.EKD geregelt.

Zweiter Teil:
Musterzeugnisse für Kirche, Caritas und Diakonie

I. Allgemeine Hinweise

Im zweiten Teil dieses Buches finden Sie Original-Arbeitszeugnisse, die alle von kirchlichen, caritativen oder diakonischen Einrichtungen erstellt wurden.

> ▶ **Hinweis zum Datenschutz:**
>
> Die nachfolgenden Zeugnisse sind alle in dieser Form von den unterschiedlichsten kirchlichen Einrichtungen ausgestellt worden. Zum Schutz der betroffenen Mitarbeiterinnen und Mitarbeiter sowie der Dienstgeber sind sämtliche Personen- und Trägerangaben (Name / Geburtsdatum und -ort / Eintrittsdatum des Mitarbeitenden, Namen und Adressen der Träger) verändert worden. Die sonstigen Inhalte wurden unverändert aus den Originalzeugnissen übernommen.

Anhand von drei Musterzeugnissen mache ich mit den verschiedenen **Schritten der Zeugnisanalyse** vertraut (II. ab Seite 93). Mittels dieser ausführlichen Analysen erkennen Sie die Stärken und Schwachstellen eines Arbeitszeugnisses in den jeweiligen Bereichen und sehen, wo typische Fehler gemacht werden. Dies hilft Ihnen wiederum, Arbeitszeugnisse besser zu verstehen sowie eigenständig und professionell zu erstellen.

Im Anschluss an die Zeugnisanalyse finden Sie **Musterzeugnisse für spezifische Berufe** in den bei Kirche, Caritas und Diakonie häufig vorkommenden Tätigkeitsbereichen (III. ab Seite 113). Zu jedem Originalzeugnis gibt es eine Anmerkung, in der auf die jeweiligen Besonderheiten dieses Zeugnisses hingewiesen wird.

II. Zeugnisanalysen

Die Analyse der nachfolgenden Arbeitszeugnisse besteht aus 5 Schritten. Dabei werden verschiedene Bereiche bewertet:

Analyseschritt 1: Formale Anfangsangaben[1]
Zuerst wird geprüft, ob die Anfangsangaben im Zeugnis den formalen Anforderungen genügen. Der Zeugnisempfänger muss mit seinen Statusangaben korrekt bezeichnet werden. Der Beschäftigungszeitraum sowie die Bezeichnung der Funktion des Mitarbeitenden in der Einrichtung sind ebenfalls auf Richtigkeit zu prüfen.

Analyseschritt 2: Tätigkeitsbeschreibung[2]
Anschließend wird die korrekte Beschreibung der Tätigkeit geprüft. Darunter sind die Stellung des Mitarbeitenden in der betrieblichen Hierarchie, seine berufliche Entwicklung und ggf. bestehende Vollmachten zu nennen. Außerdem sind absolvierte Fort- und Weiterbildungsmaßnahmen zu erwähnen.

Analyseschritt 3: Leistungs- und Führungsbeurteilung[3]
Das qualifizierte Arbeitszeugnis enthält eine Leistungs- und Führungsbeurteilung. Bei der Analyse wird insbesonders geprüft, ob eine Gesamtleistungsbewertung vorgenommen wurde. Die notwendigen Einzelleistungsbewertungen müssen vollständig aufgeführt sein. Alle Bewertungen müssen dem Grundsatz der Wahrheit[4] entsprechen. Die Einzelleistungsbewertungen dürfen auch nicht im Widerspruch stehen zur Gesamtleistungsbewertung. Sollten zum Beispiel die Einzelleistungen alle nur mit der Note „ausreichend" oder „mangelhaft" bewertet worden sein, die Gesamtleistung aber mit „stets zu unserer vollen Zufriedenheit" (das entspricht der Note „gut"), dann ist die Bewertung im Zeugnis widersprüchlich und wenig glaubhaft. Das passiert oft in

---

[1] Die Anforderungen sind dargestellt im ersten Teil dieses Buches auf Seite 26.
[2] Die Tätigkeitsbeschreibung ist ausführlich dargestellt im ersten Teil dieses Buches ab Seite 29.
[3] Vgl. dazu ausführlich Seite 31 ff.
[4] Vgl. zu Wahrheit und Wohlwollen Seite 16 f.

denjenigen Fällen, in denen Mitarbeitende unter allen Umständen auf einer guten Gesamtleistungsbewertung als Standardformulierung bestehen ohne zu bedenken, dass der Zeugnisaussteller die (schlechteren) Einzelleistungen dazu in Widerspruch setzt.

Analyseschritt 4: Schlussformulierungen[5]
Schlussformulierungen in einem Zeugnis sind wichtig sowohl für den Zeugnisempfänger als auch für den potenziellen neuen Arbeitgeber. In diesem Schritt der Zeugnisanalyse wird geprüft, ob es eine Schlussformulierung gibt und, wenn ja, wie sie inhaltlich ausgestaltet ist. Dabei geht es darum, ob die jeweilige Formulierung den Gesamteindruck der bewerteten Arbeitsleistungen korrekt widerspiegelt oder ob sie sich in Widerspruch zu den beschriebenen Leistungen setzt.

Analyseschritt 5: Ausgangsformalien[6]
In diesem Analyseschritt wird abschließend geprüft, ob das Zeugnis von den dazu berechtigten Personen ausgestellt worden ist und die korrekten Unterschriften enthält. Sollten Ort und Datum im Briefkopf nicht genannt worden sein, müssen die Angaben spätestens hier erfolgen! Auch das ist zu prüfen.

1. Zwischenzeugnis einer Pflegefachkraft

Das folgende Zeugnis ist eines von der abschreckenden Sorte, das es heute eigentlich nicht mehr geben darf. Neben kleineren formalen Fehlern gibt es erhebliche Schwächen in der Bewertung der Arbeitsleistung sowie in der Vollständigkeit der zu bewertenden Leistungsbereiche.

---

[5] Vgl. Seite 60 ff.
[6] Vgl. Seite 68 und Seite 74 f.

☦ **St. Johannes**
Altenpflegeheim
Für Dich da!

Zwischenzeugnis

Frau Maria Müller, geboren am 23.8.1981, ist seit dem 1.5.2004 in unserer Einrichtung als Pflegefachkraft beschäftigt.

Wir sind eine Einrichtung der Altenhilfe. In unserer Trägerschaft stehen ein Altenheim mit 60 Pflegeplätzen, 30 Wohnungen für betreutes Wohnen und 100 Altenwohnungen.

Frau Müller ist in einem Wohnbereich unseres Altenheimes eingesetzt, in dem 34 Bewohner unterschiedlichster Pflegebedürftigkeit wohnen.

Zu den Aufgaben von Frau Müller gehören:
- *die Durchführung der Grund und Behandlungspflege,*
- *die Pflegeprozesse der ihr anvertrauten Bewohner,*
- *Dokumentation der erbrachten Leistungen in der EDV-gestützten Pflegedokumentation,*
- *Vorbereitung und Verteilung der Mahlzeiten an die Bewohner,*
- *Teilnahme an innerbetrieblichen Fortbildungen,*
- *Teilnahme an Teamgesprächen,*
- *Gespräche mit Angehörigen,*
- *Begleitung von Arztvisiten und deren Nachbereitung*

Frau Müller arbeitet selbstständig, verantwortungsbewusst und zuverlässig. Die ihr übertragenen Aufgaben erledigt sie stets zu unserer vollen Zufriedenheit. Im täglichen Dienstablauf beweist sie neben Pünktlichkeit und Ehrlichkeit auch Flexibilität.

Ihr Verhalten gegenüber Kollegen und Vorgesetzten ist jederzeit höflich, korrekt und einwandfrei.

Musterstadt, 5. April 2016
Heinz Schmitz (Pflegedienstleiter)

Analyseschritt 1: Formale Anfangsangaben

Das Zwischenzeugnis ist auf dem Briefbogen der Einrichtung geschrieben. Es ist als „Zwischenzeugnis" in der Überschrift als solches gekennzeichnet. Diese Anforderung entspricht der ständigen Rechtsprechung.[7] Die Mitarbeiterin ist korrekt mit ihren Statusangaben benannt. Ihr Geburtsdatum ist ebenfalls erwähnt.[8] Der Beschäftigungszeitraum ist richtig angegeben. Die Funktion der Zeugnisempfängerin (Pflegefachkraft) ist in den Anfangsangaben enthalten.

Ergebnis: Formell weist das Zeugnis keine Mängel aus.

Analyseschritt 2: Tätigkeitsbeschreibung

Die Stellung der Zeugnisempfängerin in der Hierarchie der Einrichtung wird durch die Berufsbezeichnung *„Pflegefachkraft"* deutlich. Es wird auch der konkrete Einsatzbereich *(„Wohnbereich")* benannt. Die Tätigkeitsbeschreibung ist mit einer Aufzählung von nur 8 Aufgabenfeldern allerdings etwas kurz. Sollten betriebliche oder außerbetriebliche Fortbildungen absolviert worden sein, wären zumindest die wichtigsten zu nennen. Hier sind aber gar keine Weiterbildungsmaßnahmen erwähnt. In der Aufgabenbeschreibung heißt es nur: *„Teilnahme an innerbetrieblichen Fortbildungen".*

Ergebnis: In der Tätigkeitsbeschreibung finden sich Mängel. Hier gilt es vor allem, diejenigen Tätigkeiten und Tätigkeitsbereiche aufzuführen, die bei einem beruflichen Fortkommen wichtig sind. Wichtige absolvierte Fortbildungen sind namentlich aufzunehmen.

Analyseschritt 3: Leistungs- und Führungsbeurteilung

In der Leistungsbeurteilung wird in den überwiegenden Fällen auf bestimmte Standardformulierungen zurückgegriffen, um eine Entsprechung zur

---

[7] Zu diesem Formerfordernis ▸ Seite 67
[8] Zur Nennung des Geburtsdatums ▸ Seite 26

Notenskala zu finden. Der sog. „Zufriedenheitskatalog", der vor allem durch die Rechtsprechung geprägt wurde, ist dabei der am häufigsten verwendete.[9] In diesem Zeugnis wird dabei auf die Formulierung *„stets zu unserer vollen Zufriedenheit"* zurückgegriffen. Deshalb ist hier von einer guten Leistung (Note 2) auszugehen.

Bei den Einzelleistungsbewertungen ergibt sich ein lückenhaftes Bild: Das Fachwissen wird nicht bewertet. Ohne Bewertung bleiben auch Auffassungsgabe und Problemlösungsfähigkeit, Leistungsbereitschaft und Eigeninitiative, Belastbarkeit sowie das Denk- und Urteilsvermögen. Auch zur Zuverlässigkeit der Zeugnisempfängerin finden sich keine Angaben. Das Fachkönnen wird mit den Formulierungen: *„selbstständig, verantwortungsbewusst und zuverlässig"* beschrieben. Das sind aber Selbstverständlichkeiten. Das gilt auch für die Aussage zu Pünktlichkeit, Ehrlichkeit und Flexibilität. Ansonsten finden sich in diesem Zeugnis, das nach 12 (!) Jahren Betriebszugehörigkeit ausgestellt wird, keinerlei Angaben. Das ist zu kurz und wird der langen Beschäftigungsdauer nicht gerecht! Der Umgang mit Bewohnern, der im Berufsfeld der Pflegefachkraft zu den berufsspezifischen Pflichtinhalten[10] gehört, findet keine Erwähnung.

Für das Führungsverhalten wird der Satz *„Ihr Verhalten gegenüber Kollegen und Vorgesetzten ist jederzeit höflich, korrekt und einwandfrei."* verwendet. Diese Aussagen sind nicht mit „gut" zu bewerten, zumal auffällt, dass die Kollegen vor den Vorgesetzten genannt werden. Das weist auf Konflikte hin.[11]

Ergebnis: Die Bewertung des Leistungs- und Führungsverhaltens führt insgesamt zu dem Schluss, dass es sich hier um ein sehr schlechtes und lückenhaftes Zwischenzeugnis mit einer Note „gut" in der Gesamtleistungsbewertung handelt, die aber nicht von den Einzelleistungsbewertungen getragen wird. Sehr widersprüchlich! Daher ist die zusammenfassende Leistungsbewertung mit „gut" keine überzeugende Darstellung des Gesamteindrucks.

---

[9] Vgl. Seite 39 f.
[10] Vgl. Seite 51 ff.
[11] Siehe dazu Seite 47 ff. (▶ Erster Teil VI.)

Dieses Zeugnis muss an den entscheidenden Stellen korrigiert werden. In vielen Bereichen sind Einzelleistungen überhaupt nicht bewertet. Das ist nach einer 12-jährigen (!) Beschäftigungsdauer so nicht akzeptabel.

Analyseschritt 4: Schlussformulierungen

Eine übliche Schlussformulierung, wie sie auch in einem Zwischenzeugnis enthalten sein sollte[12], ist nicht vorhanden. Es wird auch nicht genannt, ob das Zwischenzeugnis auf eigenen Wunsch ausgestellt wurde.

Ergebnis: Eine Schlussformulierung fehlt.

Analyseschritt 5: Ausgangsformalien

Die Ausgangsformalien enthalten üblicherweise Ort, Datum und Unterschrift. Ort und Datum sind hier genannt. Bei der Unterschrift ist zu prüfen, ob dies dem „üblichen" Aussteller von Arbeitszeugnissen und Unterzeichner von Arbeitsverträgen im Altenpflegeheim St. Johannes entspricht. Das liegt jedenfalls wegen der genannten Funktion (Pflegedienstleiter) nicht nahe. Zeugnisaussteller sollte der Geschäftsführer oder ein sonstiger rechtlicher Vertreter des Hauses sein und nicht der Pflegedienstleiter. Dieser unterschreibt allenfalls „mit".[13]

Ergebnis: In den Ausgangsformalien weist das vorliegende Zeugnis die genannten Mängel aus.

---

[12] Siehe dazu Formulierungsvorschlag auf Seite 66
[13] Zur Weisungsbefugnis des Zeugnisausstellers vgl. Seite 74 f.

II. Zeugnisanalysen

2. Endzeugnis einer Erzieherin

Das nächste Zeugnis ist viel ausführlicher geschrieben als das vorherige. Beim Lesen macht es dem ersten Anschein nach einen guten Eindruck. Dennoch gibt es auch in diesem Endzeugnis erhebliche Lücken und Schwachstellen. Zudem ist der sprachliche Ausdruck mehrmals „verunglückt". Auch ein Zeugnis, das beim ersten Lesen einen guten Eindruck macht, kann also beim näheren Hinsehen seinen Glanz verlieren.

Familienzentrum St. Martin

Zeugnis

Frau Anna Meyer, geboren am 31.10.1970, war vom 1.8.1993 bis zum 31.7.2015 als Erzieherin in der katholischen Kindertageseinrichtung Familienzentrum St. Martin, Musterstraße 2, 22222 Musterhausen, tätig. Von 1992 bis 1993 absolvierte sie hier auch ihr Berufsanerkennungsjahr.

Das Familienzentrum St. Martin betreut 85 % der Gesamtzahl an Kindern ganztägig. Viele Kinder stammen aus Familien mit Migrationshintergrund. Auch Kinder mit Behinderung oder von Behinderung bedrohte Kinder werden im Familienzentrum St. Martin betreut.

Frau Meyer war von 1993 bis 1996 als Ergänzungskraft in einer altersgemischten Gruppe von 3- bis 6-Jährigen eingesetzt. Seit 1996 war sie als Gruppenleiterin tätig. In der Gruppe sind 20 Kinder im Alter von 2 bis 6 Jahren, darunter fünf integrativ betreute Kinder.

Sie nahm hauptsächlich die folgenden pädagogischen, pflegerischen und administrativen Aufgaben sowie Führungsaufgaben wahr:
- *Religionspädagogik, Betreuung der Kinder, insbesondere Förderung der individuellen, kognitiven, motorischen und sprachlichen Entwicklung sowie der sozialen Kompetenz*

- *Vorbereitung und Durchführung kindgerechter pädagogischer Angebote und Projekte*
- *Leitung des Gruppenteams (bestehend aus zwei Erzieherinnen, einem Heilerziehungspfleger und einer Heilpädagogin), insbesondere Aufgabenverteilung, Reflexion der pädagogischen Arbeit im Team sowie Förderung der Weiterbildung der Mitarbeiterinnen und Mitarbeiter*
- *Eingewöhnung jedes Kindes, Beobachtung der Entwicklung, Erstellung der Entwicklungsberichte sowie individuelle Betreuung des Kindes und der Eltern*
- *administrative Vorbereitung und Organisation des Tagesablaufs*
- *pflegerische Aufgaben, insbesondere Wickeln, sowie pflegerische Hilfestellung beim Toilettengang, Waschen und Zähneputzen*
- *Vorbereitung und Durchführung der täglichen Gruppengespräche sowie aktive Teilnahme an den wöchentlichen Sitzungen des gesamten pädagogischen Teams*
- *Elternarbeit, insbesondere Vorbereitung und Durchführung der Elterngespräche und Elternabende sowie stetige Pflege der Kontakte zu den Familien und deren Einbeziehung in die pädagogische Arbeit der Kindertageseinrichtung und des Familienzentrums*
- *Planung und Durchführung von Festen, Ausflügen und Projekten, insbesondere auch mit interkulturellem Hintergrund*
- *aktive Mitarbeit bei der Planung und Durchführung der besonderen Aufgaben des Familienzentrums sowie die Gestaltung des Programmheftes zusammen mit anderen Mitarbeitern*

Frau Meyer identifizierte sich stark mit der übernommenen Verantwortung. In dem sehr anspruchsvollen Arbeitsfeld war sie stets motiviert und hochgradig engagiert.

Alle Aufgaben als Gruppenleitung erfüllte sie gut und in großer Verantwortung. Jedes einzelne Kind mit seiner Familie wurde von ihr als Individuum gesehen und auch so behandelt.

Sie schaffte eine Atmosphäre der Geborgenheit und Wertschätzung und förderte die Entwicklung der Kinder auf fürsorgliche und geduldige Weise.

Sie verstand es, Orientierung zu geben und die notwendigen Grenzen mit viel Verantwortungsgefühl im Dialog zu setzen, so dass sich die Kinder wohlfühlten und ein positives Selbstbild und Gruppenfähigkeit entwickelten.

Frau Meyer verband ein sehr fundiertes und vielseitiges Fachwissen. Mit sehr gutem Ergebnis hat sie 2003 den Aufbaubildungsgang „Sozialmanagement" und im Juli 2012 die nebenberufliche Ausbildung zur Motopädin abgeschlossen. Im Rahmen der Ausbildung „Motopädie" führte sie Angebote im Bewegungsbereich durch, die für die Kinder der Einrichtung nochmals eine individuelle Förderung bedeuteten.

Hervorzuheben ist der besondere Einsatz bei der Weiterentwicklung von der Kindertageseinrichtung zum Familienzentrum. Sowohl bei der Planung und Ausführung der Angebote als auch bei der Erstellung des Programmheftes und der Zertifizierung war ihre Mitarbeit eine große Unterstützung für die Einrichtung.

Das katholische Profil der Tageseinrichtung wurde durch ihre Arbeit mitgetragen.

Frau Meyer besticht durch ihre zuverlässige und flexible Persönlichkeit. Sie war pünktlich und ihre Ehrlichkeit und Loyalität hob eine Transparenz im gesamten Team hervor.

Frau Meyer verlässt die Einrichtung auf eigenen Wunsch.

Wir wünschen Frau Meyer für die Zukunft alles Gute und für den weiteren Berufsweg viel Erfolg.

Musterhausen, 19.9.2015
Joachim Wille   Rainer Weg
(Trägervertreter)   (Leitung Familienzentrum)

Zweiter Teil: Musterzeugnisse für Kirche, Caritas und Diakonie

Analyseschritt 1: Formale Anfangsangaben

Der Zeugnisaussteller hat für ein Zeugnis einen üblichen Firmenbogen zu verwenden. Das lag bei dem eingereichten Zeugnis nicht vor. Das Zeugnis war im Briefkopf mit „Familienzentrum St. Martin" überschrieben. Rechtsträger der Einrichtung ist jedoch eine Kirchengemeinde. Daher muss das Zeugnis auch unter Verwendung des Briefkopfes der Pfarrei ausgestellt werden.

Die Person der Mitarbeiterin ist hier genau definiert. Das Geburtsdatum wird genannt.[14] Geburtsdatum und Angaben zum Beschäftigungszeitraum sind genau zu prüfen, ggf. wäre hier ein Berichtigungsanspruch gegeben. Die Funktion der Mitarbeiterin ist in den Anfangsangaben dargestellt. Eine kurze Beschreibung des Werdegangs (erst Anerkennungsjahr, dann Erzieherin und danach Gruppenleiterin) ist vorhanden.

Ergebnis: Formell weist das vorliegende Zeugnis den o.g. Mangel aus.

Analyseschritt 2: Tätigkeitsbeschreibung

Die Stellung in der betrieblichen Hierarchie wird durch die Berufsbezeichnung „Erzieherin / Gruppenleitung" deutlich. Die Tätigkeitsbeschreibung ist ausreichend lang, die wichtigsten Aufgaben sind genannt. Gut ist auch die kurze Beschreibung der Einrichtung, da der Zeugnisleser diese dann auch fachlich einordnen kann. Es fehlt allerdings eine genaue Größenangabe. Solche Beschreibungen sind nur dann entbehrlich, wenn der unbefangene Zeugnisleser genau weiß, um welche Einrichtung es sich handelt.

Sollten zusätzlich zur Tätigkeit betriebliche oder außerbetriebliche Fortbildungen absolviert worden sein, sind diese zu nennen. Im Zeugnis werden lobend die nebenberufliche Ausbildung zur Motopädin sowie der Aufbaubildungsgang Sozialmanagement genannt. Ebenfalls beschrieben wird der betriebliche Aufstieg. Auch das ist für den Zeugnisleser hilfreich.

---

[14] Zur Nennung des Geburtsdatums im Rahmen der Statusdaten vgl. Seite 26

Ergebnis: Die Tätigkeitsbeschreibung ist ausreichend lang und wichtige Fortbildungen sind genannt. Eine Einrichtungsbeschreibung sowie die Schilderung des innerbetrieblichen Aufstiegs sind ebenfalls vorhanden.

Analyseschritt 3: Leistungs- und Führungsbeurteilung

In diesem Zeugnis gibt es keine zusammenfassende Leistungsbeurteilung. Das ist ein offensichtlicher Mangel.

Mit der Formulierung *"Sie verband ein sehr fundiertes und vielseitiges Fachwissen."* wird sprachlich sehr ungeschickt das Fachwissen mit der Note „gut" bewertet. Besser gewesen wäre die Formulierung: „*Sie verfügt über ein fundiertes Fachwissen, auch in Randbereichen.*" Auffassungsgabe und Problemlösungsfähigkeit werden gar nicht bewertet. Die Formulierung „*In dem Arbeitsfeld war sie stets motiviert und hochgradig engagiert.*" wäre eine sehr gute Bewertung für die Leistungsbereitschaft, wenn Motivation und Engagement auch zu einem Arbeitserfolg geführt hätten. Dazu wird aber gerade nichts ausgesagt. An einer anderen Stelle folgt: „*Hervorzuheben ist der besondere Einsatz bei der Weiterentwicklung von der Kindertageseinrichtung zum Familienzentrum. Sowohl bei der Planung ... war ihre Mitarbeit eine große Unterstützung für die Einrichtung*". Das ist wiederum eine gute Bewertung. Nicht bewertet werden Belastbarkeit sowie Denk- und Urteilsvermögen. Die Formulierung *„besticht durch ihre zuverlässige und flexible Persönlichkeit"* macht zur Zuverlässigkeit eine klare Aussage. Es wird aber nicht erklärt, was „flexibel" in diesem Zusammenhang bedeuten soll. Das kann (oder soll?) unter Umständen falsch verstanden werden.

Das Fachkönnen wird mit den Sätzen „*Alle Aufgaben als Gruppenleitung erfüllte sie gut und in großer Verantwortung. Jedes einzelne Kind ... Sie schaffte eine Atmosphäre der Geborgenheit und Wertschätzung und ... Sie verstand es, Orientierung zu geben ..., sodass sich die Kinder wohlfühlten und ein positives Selbstbild und Gruppenfähigkeit entwickelten.*" beschrieben. Das ist eine gute bis sehr gute Bewertung, bei der direkt auch notwendige berufsspezifische Pflichtinhalte (das Verhältnis zu Kindern) mitverarbeitet werden. Die Führungsfähigkeit wird nicht bewertet, obwohl der Erzieherin als

Gruppenleitung mehrere Personen unterstellt sind. Der Umgang mit den Erziehungsberechtigten der anvertrauten Kinder wird unter dem Fachkönnen mitbewertet, wenn auch nicht sehr ausführlich.

Zum Verhalten heißt es: *"Das katholische Profil der Tageseinrichtung wurde durch ihre Arbeit mitgetragen."* und *"Sie war pünktlich und ihre Ehrlichkeit und Loyalität hob eine Transparenz im gesamten Team hervor."* Das sind sprachlich verunstaltete Sätze, deren Bedeutung sich dem Zeugnisleser nicht erschließen. Was bedeutet „mitgetragen" in diesem Kontext und seit wann heben Ehrlichkeit und Loyalität eine „Transparenz im gesamten Team" hervor? Wie war der Umgang mit Kollegen und Kolleginnen? Besser wäre gewesen, einfach zu schreiben: *"Ihr persönliches Verhalten war jederzeit einwandfrei. Sie ist allseits anerkannt und geschätzt."*

Ergebnis: Die Bewertung des Leistungs- und Führungsverhaltens insgesamt führt zu dem Schluss, dass es sich hier um ein sprachlich sehr schlecht formuliertes, missverständliches und auch lückenhaftes Zeugnis ohne eine Gesamtleistungsbewertung handelt, obwohl einige Einzelleistungen mit gut bis sehr gut bewertet sind.

Analyseschritt 4: Schlussformulierungen

Die Formulierung *"verlässt die Einrichtung auf eigenen Wunsch"* beschreibt den Beendigungsgrund. Ein Dank für die anscheinend gute Arbeit oder ein Bedauern über den Weggang werden aber nicht ausgesprochen. Die Schlussformel lautet dann: *"Wir wünschen Frau Meyer für die Zukunft alles Gute und für den weiteren Berufsweg viel Erfolg."*

Ergebnis: Eine Beendigungsformel wie die vorliegende ist nicht ausreichend für ein „gutes" Zeugnis. Besser wäre die folgende Formulierung: *„Frau Meyer scheidet mit dem heutigen Tag auf eigenen Wunsch aus unserer Einrichtung aus. Wir bedauern diese Entscheidung sehr, da wir eine wertvolle Mitarbeiterin verlieren. Wir danken ihr für ihre sehr gute Mitarbeit und wünschen ihr weiterhin viel Erfolg und persönlich alles Gute."*

Analyseschritt 5: Ausgangsformalien

Der Ort und das Datum sind in den Ausgangsformalien enthalten. Allerdings wird hier ein Datum genannt, das nicht zum Ende des Arbeitsverhältnisses passt. Beendigungsdatum war der 31.7.2015, das Ausstellungsdatum ist aber der 19.9.2015. Das ist rechtswidrig! Das Datum der Ausstellung und das tatsächliche Beendigungsdatum müssen identisch sein, da ansonsten zu vermuten ist, dass es einen Rechtsstreit um die Ausstellung des Zeugnisses gegeben hat.[15] Bei der Unterschrift ist lediglich zu prüfen, ob dies die „üblichen" Aussteller von Arbeitszeugnissen und Unterzeichner von Arbeitsverträgen bei diesem Einrichtungsträger sind.

Ergebnis: In den Datumsangaben weist das vorliegende Zeugnis Mängel aus, die auf jeden Fall zu korrigieren sind.

3. Zwischenzeugnis einer Sozialpädagogin

Das folgende Zeugnis wurde nach einer 12-jährigen Beschäftigungsdauer ausgestellt. Es ist dringend zu überarbeiten, da es in sich widersprüchlich und lückenhaft ist.

---

[15] Siehe dazu Seite 69

Evangelische Familienhilfe e.V.
Erlösergemeinde Musterburg

Zwischenzeugnis

Frau Ruth Landmann trat am 1.7.2002 in den evangelischen Familien- und Jugendhilfeverein ein. Bis zum 31.7.2006 war sie als Diplom-Sozialpädagogin für den evangelischen Familien- und Jugendhilfeverein in der Abteilung „StartUp Musterstadt" im Rahmen der aufsuchenden Arbeit mit Jugendlichen tätig.

Zum 1.8.2006 wechselte Frau Landmann zu den ambulanten Diensten / intensiv-betreutes Wohnen für Mutter und Kind, Musterburg.

Im Rahmen ihrer Arbeitsfelder betreut Frau Landmann Jugendliche und junge Erwachsene auf der Rechtsgrundlage der §§ 34, 41 SGB VIII sowie Familien in Krisen und mit unterschiedlichen Problemlagen auf der Rechtsgrundlage der §§ 31, 27, 2 ff. SGB VIII.

Des Weiteren betreute Frau Landmann im Rahmen des intensiv-betreuten Wohnens für Mutter und Kind zum Teil minderjährige junge Mütter im Rahmen von § 19 SGB VIII.

Die Arbeit von Frau Landmann war von Beginn an gekennzeichnet durch die Fähigkeit, eigenverantwortlich zu handeln. Sie zeichnet sich durch gute fachliche und persönliche Kompetenz aus. Frau Landmann zeigt sich bei allen Anforderungen motiviert und engagiert. Sie realisiert die in dem Arbeitsfeld geforderte Flexibilität.

In der Arbeit mit den Jugendlichen und jungen Erwachsenen baut sie authentische Beziehungen auf. Sie setzt Grenzen. Mit dem Wechselspiel von Distanz und Nähe geht sie professionell um. Frau Landmann stellt klare Anforderungen an die Jugendlichen und jungen Mütter und lässt ihnen gleichzeitig notwendige Freiräume für Entwicklung und Verselbstständigung. Sie ist durchsetzungsfähig, arbeitet zielorientiert und wird von den Jugendlichen und jungen Müttern geschätzt.

In der Arbeit mit Familien arbeitet Frau Landmann ressourcenorientiert, motivierend und vorurteilsfrei mit den Systemen. In ihrer Arbeit setzt sie sowohl handlungsorientierte wie auch gesprächsorientierte Ansätze um. Die Familien arbeiten gerne mit ihr zusammen. Sie erleben Frau Landmann als emotional nahbar, engagiert und erhalten die Möglichkeit, sich unter der Wertschätzung und Ermutigung von ihr zielorientiert zu entwickeln.

Die Verwaltungsarbeit und das Berichtswesen sind für Frau Landmann natürlicher Bestandteil ihrer Aufgabe. Sie erledigt sie stets pünktlich und gewissenhaft, ihr Umgang mit anvertrauten Geldern ist jederzeit korrekt.

Frau Landmann tauscht sich mit ihren Kolleginnen professionell und zielorientiert im Sinne kollegialer Beratung aus. An der regelmäßigen internen Supervision nimmt sie engagiert teil und zeigt sich hierbei kritikfähig und offen. Sie bringt ihr Fachwissen zur Weiterentwicklung des Arbeitsfeldes mit Interesse und Engagement ein.

Die Mitarbeiterinnen von Jugendämtern und anderen Institutionen erleben Frau Landmann als kompetente und verlässliche Partnerin. In Hilfeplangesprächen und Berichten werden ihre Fachlichkeit und Bewertungen geschätzt.

Das Verhalten von Frau Landmann gegenüber Vorgesetzten ist vorbildlich korrekt, loyal und konstruktiv. Durch ihr kollegiales und engagiertes Verhalten ist Frau Landmann eine geschätzte Kollegin.

Frau Landmann erledigt die ihr übertragenen Aufgaben stets zu unserer vollen Zufriedenheit.

Das Zwischenzeugnis wurde auf Wunsch von Frau Landmann erstellt.

Mayer   Schwader
(Geschäftsführer)   (Dienststellenleiter)

Analyseschritt 1: Formale Anfangsangaben

Das Zeugnis ist auf einem üblichen Briefbogen der Einrichtung geschrieben. Außerdem ist das Zeugnis auch in der Überschrift als „Zwischenzeugnis" gekennzeichnet. Diese Anforderung entspricht der ständigen Rechtsprechung.[16] Die Mitarbeiterin ist korrekt benannt. Ihr Geburtsdatum ist ebenfalls aufgeführt. Der Beschäftigungszeitraum wurde korrekt angegeben. Die Funktion (Sozialpädagogin) ist dargestellt. Eine kurze Beschreibung des Werdegangs ist vorhanden.

Ergebnis: Formell weist das vorliegende Zeugnis keine Mängel aus.

Analyseschritt 2: Tätigkeitsbeschreibung

In der Tätigkeitsbeschreibung sind die Stellung der Mitarbeiterin in der betrieblichen Hierarchie, ihre berufliche Entwicklung und ggf. bestehende Vollmachten darzustellen. Außerdem sind absolvierte Fortbildungsmaßnahmen zu nennen. Die Stellung wird durch die Berufsbezeichnung *„Sozialpädagogin"* deutlich. Die Tätigkeitsbeschreibung (*„Im Rahmen ihrer Arbeitsfelder…"*) ist allerdings sehr kurz. Woraus bestand genau die Betreuung der Familien und jungen Erwachsenen? Woraus bestand genau die Intensivbetreuung der Mütter mit Kindern? Für jedes dieser Tätigkeitsfelder ist eine stichpunktartige Aufzählung mit den 5–7 wichtigsten Tätigkeiten dringend zu empfehlen. Sollten Fortbildungen absolviert worden sein, sind diese zu erwähnen. Hier sind keine genannt.

Ergebnis: In der Tätigkeitsbeschreibung finden sich Mängel. Hier gilt es, vor allem diejenigen Tätigkeiten / Tätigkeitsbereiche aufzuführen, die für das berufliche Fortkommen der Mitarbeiterin wichtig sind. Absolvierte Fortbildungen sind aufzunehmen. Denn nach zwölf Jahren Beschäftigungsdauer gab es in diesem Tätigkeitsfeld sicher einige Weiterbildungsmaßnahmen.

---

[16] Siehe dazu Seite 67

Analyseschritt 3: Leistungs- und Führungsbeurteilung

In diesem Zeugnis wird auf die Formulierung *„stets zu unserer vollen Zufriedenheit"* zurückgegriffen. Dabei ist von einer guten Leistung (Note 2) auszugehen. Mit der Formulierung: *„bringt ihr Fachwissen ... ein"* wird das Fachwissen nicht qualitativ bewertet. Es wird damit lediglich ausgesagt, dass ein solches vorhanden ist und mit Interesse und Engagement eingesetzt wird. Ist das Fachwissen umfassend, weitreichend, solide oder entwicklungsfähig? Das ist zu ergänzen.

Auffassungsgabe und Problemlösungsfähigkeit bleiben ohne Bewertung. Die verwendete Formulierung *„zeigte sich bei allen Anforderungen motiviert und engagiert"* ist eine allgemein anerkannte befriedigende Bewertung der Leistungsbereitschaft (Note 3). Dass man motiviert und engagiert ist, ist eine Selbstverständlichkeit. Es fehlen hier Aussagen, **wie** motiviert und **wie** engagiert Frau Landmann war.

Ohne Bewertung bleiben Belastbarkeit, Denk- und Urteilsvermögen sowie Zuverlässigkeit. Das Fachkönnen wird mit den Formulierungen: *„gekennzeichnet durch die Fähigkeit, eigenverantwortlich zu handeln... gute fachliche und persönliche Kompetenz ... realisierte die geforderte Flexibilität"* als befriedigend bis gut (Note 3–2) eingestuft. Leider fehlen hier Aussagen, ob hier gut oder sehr gut eigenverantwortlich gehandelt wurde. Was bedeutet: *„realisierte die geforderte Flexibilität"*? Weiterhin wird das Fachkönnen mit folgenden Formulierungen beschrieben: *„baut sie authentische Beziehungen auf"* (Note 2), *„setzt Grenzen"* (setzte sie die Grenzen richtig, stets richtig?), *„geht sie professionell um"* (Note 2), *„stellt klare Forderungen ... lässt notwendige Freiräume"* (stets oder nur manchmal?), *„durchsetzungsfähig, arbeitet zielorientiert ... ressourcenorientiert ... vorurteilsfrei ... emotional nahbar ... engagiert"* (bei allen letztgenannten Angaben fehlt die Zugabe „stets / immer / manchmal"), *„pünktlich und gewissenhaft"* (betrifft Verwaltungsarbeit), *„jederzeit korrekt"* (beschreibt eine Selbstverständlichkeit).

Bei der Beschreibung des Führungsverhaltens werden die folgenden Formulierungen verwendet: *„Das Verhalten von Frau Landmann gegenüber Vorgesetzten ist vorbildlich korrekt, loyal und konstruktiv. Durch ihr kollegiales*

Verhalten ist Frau Landmann eine geschätzte Kollegin ... tauscht sich mit Kolleginnen professionell und zielorientiert aus ... nimmt regelmäßig teil ... kritikfähig und offen ... kompetente und verlässliche Partnerin (Jugendamt) werden ihre Fachlichkeit und Bewertungen geschätzt." Diese Formulierungen sind mit der Note 2 zu bewerten.

Zum Umgang mit Klienten wird mit der Formulierung *„wird von den Jugendlichen und Müttern geschätzt ... Familien arbeiten gerne mit ihr zusammen"* eine gute, aber sehr kurze Bewertung vorgenommen.

Ergebnis: Die Bewertung des Leistungs- und Führungsverhaltens insgesamt führt zu dem Schluss, dass es sich hier um ein sehr widersprüchliches und lückenhaftes Zwischenzeugnis mit befriedigenden und einigen guten Teilnoten handelt. Daher ist die zusammenfassende Leistungsbewertung mit „gut" keine überzeugende Darstellung des Gesamteindrucks. Das Zeugnis sollte an den entscheidenden Stellen korrigiert werden. An vielen Stellen werden Leistungen nur beschrieben, aber nicht bewertet (fehlende Zugabe wie „stets / immer / manchmal"). Im Übrigen fehlen die Bewertungen von fünf (!) Teilbereichen (Belastbarkeit, Zuverlässigkeit, Auffassungsgabe und Problemlösungsfähigkeit, Denk- und Urteilsvermögen, Fachwissen). Das ist nach einer 12-jährigen Beschäftigungsdauer nicht akzeptabel.

Analyseschritt 4: Schlussformulierungen

Hier wird mit einer besonderen Formulierung dokumentiert, weshalb dieses Zwischenzeugnis ausgestellt wurde. Diese Beendigungsformel ist nicht gut genug für ein „gutes" Zwischenzeugnis. Daher muss eine bessere Formulierung auf jeden Fall aufgenommen werden. Hierauf haben Arbeitnehmer einen Rechtsanspruch.[17]

Die Beendigungsformel für dieses Zwischenzeugnis könnte lauten: *„Dieses Zwischenzeugnis wird auf Wunsch von Frau Landmann erstellt. Das Arbeitsverhältnis mit Frau Landmann ist ungekündigt und unbefristet. Wir bedanken*

---

[17] Zu den Schlussformulierungen ausführlich Seite 60 ff. (▶ Erster Teil VI. 5.)

uns an dieser Stelle für die bisherige Tätigkeit und freuen uns auf eine Fortsetzung der guten und vertrauensvollen Zusammenarbeit."

Ergebnis: Bei der Beendigungsformel gibt es Korrekturbedarf.

Analysebereich 5: Ausgangsformalien

Der Ort und das Datum sind in den Ausgangsformalien nicht genannt. Bei der Unterschrift ist lediglich zu prüfen, ob dies die „üblichen" Aussteller von Arbeitszeugnissen und Unterzeichner von Arbeitsverträgen bei dem Evangelischen Familien- und Jugendhilfeverein sind. Dies liegt jedenfalls wegen der genannten Funktionen nahe.

Ergebnis: In den Ausgangsformalien sind Angaben zu Ort und Datum zu ergänzen.

III. Typische Zeugnisse aus Kirche, Caritas und Diakonie

Im Folgenden werden 12 Musterzeugnisse für unterschiedliche Berufsgruppen abgebildet, die bei Kirche, Caritas und Diakonie häufig vorkommen. Nach jedem Zeugnismuster weise ich auf die Besonderheiten dieses Zeugnisses hin.

Sie finden in den Musterzeugnissen **keine Standardmusterformulierungen** wie in vielen anderen Zeugnisbüchern. Diese werben vielfach mit Aussagen wie „über 100 Musterzeugnisse" oder „mit allen wichtigen Textbausteinen". Ich plädiere für „handgemachte" Arbeitszeugnisse und gerade nicht für Standard-Formular-Arbeitszeugnisse. Würde man nur vorgegebene Textbausteine verwenden, sähe ein Arbeitszeugnis beispielsweise so aus:

> **▶ Beispiel**
>
> *Herr Erwin Lindemann, geboren am 15.2.1988 war vom 1.9.2008 bis zum 31.12.2017 bei uns als Sozialpädagoge beschäftigt. Wir sind ein evangelischer Beratungshilfeverein für Männer und Frauen in schwierigen Lebenssituationen. Wir beschäftigen insgesamt 15 Mitarbeiter und Mitarbeiterinnen.*
>
> *Die Aufgaben von Herrn Lindemann umfassten:*
> - *Beratungsangebote im Bereich der Männerberatung*
> - *Erstellen von Konzeptionen für eine Online-Beratung*
> - *Durchführung von Gruppenangeboten für verschiedene Lebenslagen*
> - *Dokumentation der Beratungsarbeit*
>
> *Herr Lindemann verfügte über umfassende Fachkenntnisse. Er überblickte schwierige Zusammenhänge, erkannte das Wesentliche und war in der Lage, schnell Lösungen aufzuzeigen. Er zeigte Einsatzbereitschaft und Eigeninitiative. Er war starkem Arbeitsanfall jederzeit gewachsen und seine Urteilsfähigkeit war geprägt durch eine logische Gedankenführung, die ihn zu sicheren Urteilen befähigt. Herr Lindemann arbeitete stets zuverlässig.*

> *Er bewältigte seinen Arbeitsbereich sicher und fand gute Lösungen. Seine Leistungen werden zusammenfassend als gut beurteilt. Das persönliche Verhalten war stets einwandfrei. Bei Vorgesetzten und Kollegen war er geschätzt.*
>
> *Herr Lindemann scheidet auf eigenen Wunsch aus unserem Verein aus. Wir bedauern diese Entscheidung und wünschen ihm für seinen weiteren Lebensweg alles Gute.*

Ein solch „seelenloses" Arbeitszeugnis trifft man sehr häufig an. Gefördert wird diese Seelenlosigkeit durch die Unmengen an Musterformulierungen in der Zeugnisliteratur. Das führt im Übrigen dazu, dass das Internet schon vollautomatische „Zeugnis-Entschlüsselungssysteme" anbietet. Dort kann man sein Arbeitszeugnis fotografiert hochladen und erhält nach wenigen Minuten Wartezeit angeblich „detaillierte Ergebnisse".

Natürlich kann der Zeugnisaussteller in dem einen oder anderen Fall eine Standardformulierung nutzen. Das gilt auch für die nachfolgend abgebildeten Musterzeugnisse. Aber ein gänzlich aus Musterformulierungen bestehendes Arbeitszeugnis wirft auf den Aussteller kein gutes Licht!

Meine Zeugnismuster betreffen folgende Berufe:
1. Erzieherin / Gruppenleitung in einer Kita (Zwischenzeugnis), Caritas
2. Kita-Leitung (Endzeugnis), Katholische Kirche
3. Erzieherin / Gruppenleitung (Endzeugnis), Katholische Kirche
4. Erzieherin in einer Wohngruppe für Menschen mit Behinderungen (Endzeugnis), Diakonie
5. Verwaltungsleiterin (Zwischenzeugnis), Evangelische Kirche
6. Sachbearbeiterin in katholischer Fachhochschule (Endzeugnis)
7. Personalsachbearbeiterin im Krankenhaus (Endzeugnis), Caritas
8. Krankenschwester (Endzeugnis), Caritas
9. Altenpflegerin in einem katholischen Seniorenstift (Zwischenzeugnis), Ordenseinrichtung
10. Sekretärin in einem Hilfswerk (Zwischenzeugnis), Evangelische Kirche
11. Arzt im Krankenhaus (Zwischenzeugnis), Caritas
12. Haustechniker in einer Bildungsstätte der Diakonie (Endzeugnis)

1. Erzieherin / Gruppenleitung in einer Kita (Zwischenzeugnis), Caritas

Zwischenzeugnis

Frau Madeleine Leiting, geboren am 12.6.1985, ist seit dem 1.8.2009 als Erzieherin im Caritaskindergarten „Die Sonnenblumenkinder" in Vollzeit beschäftigt. Das Beschäftigungsverhältnis ruht seit dem 19.4.2018 bis voraussichtlich 30.8.2023 wegen Elternzeit und Sonderurlaub.

Der Caritaskindergarten „Die Sonnenblumenkinder" ist eine additive Kindertageseinrichtung, die Kinder mit und ohne besonderen Förderbedarf im Alter von 6 Monaten bis zur Schulpflicht betreut.

Frau Leiting arbeitete zuletzt als Gruppenleiterin in einer Gruppe mit 25 Kindern im Alter von 3 Jahren bis zur Schulpflicht. Mit im Gruppenteam arbeiteten noch eine Kinderpflegerin und eine Erzieherin im Anerkennungsjahr.

Zu den Aufgabenfeldern von Frau Leiting gehörten bislang:
- *Planung und Durchführung pädagogischer Einheiten, orientiert an den Bedürfnissen der Gesamtgruppe und unter Beachtung der Entwicklungsstände einzelner Kinder*
- *Anfertigung von Entwicklungsdokumentationen*
- *pflegerische und hauswirtschaftliche Arbeiten*
- *Betreuung der Kinder in Randzeiten*
- *geplante Elterngespräche, Tür- und Angelgespräche, Gremienarbeit mit Eltern und Träger*
- *Planen und Ausrichten von unterschiedlichen Festen auf Gruppen- und Kindergartenebene*
- *Mitarbeit zur Erlangung der Rezertifizierung Familienzentrum NRW*
- *Vertretung der Leiterin bei Abwesenheit*
- *Teilnahme an Gruppen- und Teamsitzungen inner- und außerhalb der Öffnungszeiten*

- *Zusammenarbeit mit einem multiprofessionellen Team*
- *Raumgestaltung*
- *Verwaltungsaufgaben*
- *Praktikantenanleitung*

Mit viel Freude und Engagement verschaffte sich Frau Leiting einen Überblick über die Struktur der Einrichtung und arbeitete sich gezielt und zügig in ihr Aufgabenfeld ein.

Durch ihr freundliches und zugewandtes Wesen ist Frau Leiting bei den Kindern wie auch bei den Eltern gleichermaßen beliebt. Sie hat eine gute Beobachtungsgabe und geht gezielt und individuell auf jedes einzelne Kind ein. Sie begegnet den Kindern liebevoll, geduldig und mit der erforderlichen Konsequenz. Ihr pädagogisches Handeln ist reflektiert und stets angemessen.

Frau Leiting arbeitet selbstständig, orientiert am Konzept des Kindergartens. Bei der Planung und Durchführung von Projekten berücksichtigt sie die Wünsche und Bedürfnisse der Kinder.

Bei der Gestaltung der Gruppenräume beachtet sie die Spielinteressen der Kinder und bietet ihnen dadurch adäquate Entwicklungsmöglichkeiten. Frau Leiting begegnet den Eltern in einer offenen, unkomplizierten und professionellen Weise, so dass sie vertrauensvollen Kontakt zu den Eltern aufbauen kann.

Ihre pädagogische Arbeit gestaltet sie den Eltern gegenüber transparent und informiert diese auch über gruppenübergreifende pädagogische Themen. Entsprechend bringen die Eltern Frau Leiting ihre Wertschätzung entgegen.

In der Weiterentwicklung der pädagogischen Arbeit bringt sich Frau Leiting engagiert ein und übernimmt vielfältige Aufgaben. Sie bereichert durch ihre aktive und konstruktive Teilnahme die Gruppen- und Gesamtteamsitzungen.

Frau Leiting ist auf Grund ihrer Hilfsbereitschaft und ihrer Freundlichkeit bei den Kolleginnen sehr beliebt.

III. Typische Zeugnisse aus Kirche, Caritas und Diakonie

Zuverlässig hat sie die Einrichtung bei Abwesenheit der Leiterin vertreten und interne wie externe Aufgaben zur vollen Zufriedenheit erledigt.

Mit Frau Leiting haben wir eine einsatzfreudige, flexible und zuverlässige Mitarbeiterin, die auch ihre Aufgaben als Gruppenleiterin und Kollegin stets zu unserer vollen Zufriedenheit ausführt.
Ihr Verhalten gegenüber Vorgesetzten und Kollegen ist immer einwandfrei.

Frau Leiting erhält das Zwischenzeugnis, da die Leitung des Kindergartens in den Ruhestand geht. Wir freuen uns auf eine weiterhin gute Zusammenarbeit mit Frau Leiting.

Es handelt sich hier um ein Zwischenzeugnis für eine Erzieherin in einem Kindergarten der Caritas. Auffallend ist in den Statusdaten die Erwähnung der Elternzeit. Die Aufgabenbeschreibung ist ausführlich und die Bewertung der einzelnen Arbeitsleistungen ist gut. Wichtig ist in diesem Zeugnis die Erwähnung des Umgangs mit den Kindern sowie die Zusammenarbeit mit den Eltern (berufsspezifische Pflichtangaben!). Genannt wird auch die Abwesenheitsvertretung der Leitung. Das ist eine wichtige Angabe für das berufliche Fortkommen. Nicht erwähnt werden dagegen die absolvierten Fortbildungen. Am Ende wird auch der Grund für das Zwischenzeugnis genannt.

2. Kita-Leitung (Endzeugnis), Katholische Kirche

Arbeitszeugnis

Frau Susanne Friedrichs, geboren am 27.1.1971 in Hannover, war vom 1.10.2000 als Erzieherin in der Kita St. Marien, seit dem 24.1.2013 als Facherzieherin für Integration und seit dem 15.9.2016 als Leiterin mit 38,5 Std. pro Woche in unserer Kindertagesstätte tätig.

In unserer Einrichtung werden bis zu 68 Kinder im Alter von 1,5 bis 6 Jahren in zwei halboffenen Einheiten (Krippen- und Elementarbereich) mit jeweils zwei Gruppen betreut. Die Bildung, Erziehung und Betreuung der Kinder erfolgt in altersgemischten Gruppen. Unsere Konzeption basiert auf dem Hannoveraner Bildungsprogramm und dem situationsbezogenen Ansatz.

Frau Friedrichs arbeitete als Erzieherin und Facherzieherin für Integration mit Kindern aus allen Altersstufen (Krippe, Kindergarten, Vorschule, Hort).

Ab dem Jahr 2013 war sie jedoch hauptsächlich für die Bildung, Pflege, Erziehung und Betreuung der Krippenkinder verantwortlich.

Ab September 2016 verantwortete Frau Friedrichs als Kindergartenleitung insbesondere die nachstehenden Aufgaben:
- *personelle, pädagogische und organisatorische Führung der Einrichtung*
- *Planung und Durchführung der gesamten Arbeit der Kindertageseinrichtung einschließlich der Zusammenarbeit mit Eltern und Träger*
- *Betreuung und Qualifizierung der Mitarbeiterinnen*
- *Verantwortung für die Durchführung von regelmäßigen Dienstbesprechungen*

- *Einführen von neuen Mitarbeiterinnen, Verantwortung für die Praktikantenanleitung unter Beachtung des generellen Ausbildungskonzeptes*
- *Regelung der innerbetrieblichen Vertretung bei Ausfall von Mitarbeiterinnen*
- *Information und Motivation der Mitarbeiterinnen zu Fort- und Weiterbildungsmöglichkeiten*
- *beratende Teilnahme bei Einstellungsgesprächen neuer Mitarbeiterinnen*
- *Umsetzung des belegungsabhängigen Personalschlüssels*
- *Mitverantwortung für Auslastung und Belegung der Einrichtung*
- *Verantwortung für das Aufnahmeverfahren von Kindern und Entwicklung von Aufnahmekriterien mit dem Träger und die Auswahl der Kinder*
- *Planung und Organisation der gesamten Elternarbeit*
- *Weiterentwicklung der Konzeption und des Qualitätsmanagements der Kita*
- *Vernetzung mit der Kirchengemeinde und dem Kita-Ausschuss*

Im Rahmen ihrer Weisungsbefugnisse hatte sie für 9 pädagogische und 3 hauswirtschaftliche Mitarbeiterinnen und 3 MAE-Kräfte (Öffentliche Arbeitsgelegenheiten)
- *die Fach-und Dienstaufsicht gegenüber den Mitarbeiterinnen in Absprache mit dem Träger (kein Disziplinarrecht),*
- *die Weisungsbefugnis gegenüber allen Beschäftigten der Einrichtung,*
- *ggf. die Delegation fester Aufgabengebiete an Mitarbeiterinnen (Urlaubs- oder Krankheitsvertretung).*

Frau Friedrichs überzeugte uns durch ihr sehr gutes Fachwissen, das sie zudem sicher und gekonnt in der Praxis einsetzte. Gerne bestätigen wir ihr eine hohe pädagogische Sachkompetenz. Durch ihr ausgeprägtes familienfreundliches Denken und Handeln erwarb sie sich sehr großen Respekt. Frau Friedrichs setzte ihre Aufgaben hochmotiviert, mit viel Freude und Begeisterung um. Ihr Arbeitsstil zeichnete sich jederzeit durch hohes Engagement und Verantwortungsbewusstsein aus. Frau Friedrichs beweist ein hohes Maß an Zuverlässigkeit, Einfühlungsvermögen und Flexibilität. Auch unter schwierigen Bedingungen wie Personalmangel oder wenig Vorbereitungszeit ist ihre Arbeitsweise von sehr guter Qualität.

Sie besuchte regelmäßig und erfolgreich Weiterbildungsseminare, um ihre Stärken auszubauen und ihre guten Fachkenntnisse zu erweitern, z. B.:
- Teilnahme an der berufsbegleitenden Weiterbildung „Kita-Management", Module 1-10, von September 2009 bis Mai 2011 mit Abschlusszertifikat
- Montessori-Kurs „Ganzheitliches Lernen nach Maria Montessori"
- Zusatzqualifikation zur Facherzieherin für Integration
- Schulung zum Aufmerksamkeits-Defizit-Syndrom (ADS / ADHS) im pädagogischen Alltag: „Hyperaktive Kinder sind schwer erziehbar"
- religionspädagogischer Kurs zum Thema: „Dem neuen Leben entgegen gehen – die Osterbotschaft erfahrbar machen"
- Schulung zur Umsetzung des Schutzauftrags nach § 8a SGB VIII bei Kindeswohlgefährdung in Kindertageseinrichtungen

Aufgrund ihrer genauen Analysefähigkeiten und ihrer schnellen Auffassungsgabe fand sie gute Lösungen, die sie konsequent und erfolgreich in die Praxis umsetzte. Durch ihr konzeptionelles, kreatives und logisches Denken fand sie für alle auftretenden Probleme ausgezeichnete Lösungen. Frau Friedrichs war mitverantwortlich für den Krippenanbau, Projekt U3, der Kita im Jahr 2016. Der mit dem Anbau einhergehenden Mehrbelastung war Frau Friedrichs jederzeit gewachsen. Im Zuge des Anbaus wurden in den Jahren 2017/18 acht neue Erzieherinnen von ihr erfolgreich in ihre Aufgaben eingeführt. Ihre Hinweise und Anregungen waren für unser Projekt eine wertvolle Hilfe.

Frau Friedrichs erledigte ihre Aufgaben mit großem Engagement und persönlichem Einsatz während ihrer gesamten Beschäftigungszeit. Sie war immer eine belastbare Mitarbeiterin, ihre Arbeitsqualität war auch bei wechselnden Anforderungen immer gut. Jederzeit *war das Vorgehen von Frau Friedrichs gut geplant, zügig und ergebnisorientiert. Sie arbeitete stets zuverlässig und sehr genau. Ihre Zusammenarbeit mit dem Pfarrer ist geprägt von Aufgeschlossenheit, Wertschätzung und Respekt.*

Ihr Team erreichte unter ihrer sach- und personenbezogenen Anleitung jederzeit gute Ergebnisse. Als Leiterin hat sie, gemeinsam mit einer Referentin, von 2018 - 2019 die interne Evaluation nach den acht Aufgabenbereichen des Hannoveraner Bildungsprogramms mit den sich daraus ergebenden Verbesserungen und Veränderungen in der Arbeit des Teams erfolgreich durchgeführt. Bei Vorgesetzten wie Mitarbeiterinnen und Mitarbeitern fanden ihre Führungsqualitäten volle Anerkennung.

Frau Friedrichs war stets in der Lage, Konflikte erfolgreich zu bewältigen. Durch ihr konstruktives Verhalten, durch überlegtes Handeln und Achtung vor dem Gesprächspartner konnte sie so ein sehr positives Arbeitsklima in ihrem Team schaffen. Wir waren mit den Leistungen von Frau Friedrichs jederzeit voll zufrieden. Auch die von ihr verantwortete Zusammenarbeit mit dem Träger in regelmäßig stattfindenden Ausschusssitzungen, den Eltern, dem Caritasverband Hannover, dem Fachbereich Jugend der Region Hannover, dem Gesundheitsamt und den Grundschulen unseres Einzugsbereichs haben wir als verantwortungsvoll, von Sachkunde geprägt und effektiv erlebt.

Wegen ihres freundlichen und ausgeglichenen Wesens wurde Frau Friedrichs allseits sehr geschätzt, wobei sie stets aktiv die gute Zusammenarbeit und Teamatmosphäre förderte. Ihr Verhalten gegenüber Vorgesetzten, Kollegen und Eltern war jederzeit einwandfrei.

Frau Friedrichs verlässt uns leider mit dem heutigen Tage auf eigenen Wunsch, um eine neue Herausforderung anzunehmen. Wir bedauern ihr Ausscheiden sehr, da wir mit ihr eine gute Fachkraft und wertvolle Mitarbeiterin verlieren. Wir können sie als Mitarbeiterin sehr empfehlen. Wir danken ihr für ihre stets guten Leistungen. Für ihren weiteren Berufs- und Lebensweg wünschen wir ihr persönlich alles Gute, weiterhin viel Erfolg und Gottes Segen.

↘︎ Dieses Zeugnis einer Kindergartenleitung ist wesentlich ausführlicher als das vorherige Zeugnis einer Erzieherin in der Kita. In den Statusdaten wird bereits der Werdegang der Mitarbeiterin geschildert. Gut ist auch die Darstellung der pädagogischen Konzeption der Einrichtung am Anfang. Nach einer ausführlichen Tätigkeitsbeschreibung, die sich auf den Bereich der Leitung des Kindergartens bezieht, wird in diesem Arbeitszeugnis Wert auf die Aufzählung der absolvierten Fortbildungen gelegt. Danach folgt die Bewertung der einzelnen Leistungen und die Erwähnung der Mitverantwortlichkeit für den Krippenanbau im Projekt U3 im Jahr 2016. Außerdem wird die Führungsfähigkeit als Kindergartenleitung beschrieben. Die Tätigkeitsphase als „Facherzieherin" ist nicht besonders ausführlich dargestellt im Vergleich zur Bewertung der Leitungstätigkeit. Die Zusammenarbeit mit außerbetrieblichen Institutionen, wie z. B. dem Caritasverband Hannover wird ebenfalls erwähnt. Die Schlussformel ist entsprechend dem sehr guten Gesamteindruck des Zeugnisses formuliert.

3. Erzieherin / Gruppenleitung (Endzeugnis), Katholische Kirche

Arbeitszeugnis

Frau Sabine Großbölting, geb. am 24.3.1975, war vom 1.8.1996 bis zum 31.7.2017 als Erzieherin in der Katholischen Kindertageseinrichtung Familienzentrum St. Norbert, Eckernweg 7b, Steindorf, tätig. Von 1992 bis 1993 absolvierte sie ihr Vorpraktikum und von 1995 bis 1996 ihr Berufsanerkennungsjahr.

Das Familienzentrum St. Norbert betreut 85 % der Gesamtanzahl an Kindern ganztägig. Viele Kinder stammen aus Familien mit Migrationshintergrund. Auch Kinder mit Behinderung oder von Behinderung bedrohte Kinder werden im Familienzentrum St. Norbert betreut.

Frau Großbölting war von 1996 bis 1999 als Ergänzungskraft in einer altersgemischten Gruppe von Kindern zwischen 3 und 6 Jahren eingesetzt. Seit 1999 war sie als Gruppenleiterin tätig. In dieser Gruppe sind 20 Kinder im Alter von 2 bis 6 Jahren, darunter 5 integrativ betreute Kinder. Sie nahm hauptsächlich die folgenden pädagogischen, pflegerischen und administrativen Aufgaben sowie Führungsaufgaben wahr:

- *pädagogische und religionspädagogische Betreuung der Kinder, insbesondere Förderung der individuellen, kognitiven, motorischen und sprachlichen Entwicklung sowie der sozialen Kompetenz*
- *Vorbereitung und Durchführung kindgerechter pädagogischer Angebote und Projekte*
- *Leitung des Gruppenteams, bestehend aus 2 Erzieherinnen, einem Heilerziehungspfleger und einer Heilpädagogin, insbesondere Aufgabenverteilung, Reflexion der pädagogischen Arbeit im Team, Förderung der Weiterbildung der Mitarbeiterinnen und Mitarbeiter*

- *Eingewöhnung jedes Kindes, Beobachtung der Entwicklung, Erstellung der Entwicklungsberichte sowie individuelle Betreuung des Kindes und der Eltern*
- *administrative Vorbereitung und Organisation des Tagesablaufs*
- *pflegerische Aufgaben, insbesondere Wickeln, sowie pflegerische Hilfestellung beim Toilettengang, Waschen und Zähneputzen*
- *Vorbereitung und Durchführung der täglichen Gruppengespräche sowie aktive Teilnahme an den wöchentlichen Sitzungen des gesamten pädagogischen Teams*
- *Elternarbeit, insbesondere Vorbereitung und Durchführung der Elterngespräche und Elternabende sowie stetige Pflege der Kontakte zu den Familien und deren Einbeziehung in die pädagogische Arbeit der Kindertageseinrichtung und des Familienzentrums*
- *Planung und Durchführung von Festen, Ausflügen und Projekten, insbesondere auch mit interkulturellem Hintergrund*
- *aktive Mitarbeit bei der Planung und Durchführung der besonderen Aufgaben des Familienzentrums sowie der Gestaltung des Programmheftes zusammen mit anderen Mitarbeitern*

Frau Großbölting war die Freude am Beruf der Erzieherin und am Umgang mit Kindern anzumerken. Sie stellte in kürzester Zeit den Kontakt zu den Kindern her und verstand es, die Kinder auf kreativem Gebiet anzuregen und zu fördern. Durch Angebote und im Freispiel begeisterte sie und regte immer wieder zu neuen Spielen an. Frau Großbölting war stets in der Lage, die Bedürfnisse und Interessen, aber auch die Schwächen und Schwierigkeiten der Kinder schnell zu erkennen und darauf einzugehen. Es gelang ihr die Kinder zu motivieren, ihre Begabungen zu fördern und die Persönlichkeit der Kinder weiterzuentwickeln, wobei sie großen Wert auf das Sozialverhalten der Kinder sowie auf die Erziehung zur Selbstständigkeit legte. Sie schaffte eine Atmosphäre der Geborgenheit und Wertschätzung und verstand es, Orientierung zu geben und die notwendigen Grenzen mit viel Verantwortungsgefühl im Dialog zu setzen, so dass sich die Kinder wohlfühlten und ein positives Selbstbild und Gruppenfähigkeit entwickelten.

Frau Großbölting verfügt über ein fundiertes Fachwissen, auch in Randbereichen. Mit sehr gutem Ergebnis hat sie 2003 den Aufbaubildungsgang „Sozialmanagement" und im Juli 2017 die nebenberufliche Ausbildung zur Motopädin abgeschlossen. Im Rahmen der Ausbildung führte sie Angebote im Bewegungsbereich durch, die für die Kinder der Einrichtung nochmals eine zusätzliche individuelle Förderung bedeuteten. Die in den Ausbildungen erworbenen Kenntnisse setzte Frau Großbölting gewinnbringend für unsere Einrichtung in ihrer täglichen Arbeit ein.

Alle Aufgaben als Gruppenleitung erfüllte sie gut und mit großer Verantwortung. Sie verstand es, die ihr anvertrauten Mitarbeiter und Mitarbeiterinnen zu guten Leistungen zu führen und wird dafür allseits geschätzt und anerkannt.

Zu den Eltern hatte Frau Großbölting ein gutes Verhältnis. Sie pflegte Kontakte, besprach Probleme und gab Rat und Hilfestellung bei Entscheidungen wie Frühförderung und Einschulung. Das gute Urteilsvermögen von Frau Großbölting führte sie stets zu sachgerechten Entscheidungen. Die Elternarbeit wurde durch Gruppenelternabende und andere Angebote an die Eltern vertieft. Es gelang Frau Großbölting, die Eltern ihrer Gruppe zu motivieren und zu Aktivitäten für die Gruppe und den Kindergarten anzuregen.

Bei den täglichen und wöchentlichen Dienstbesprechungen, bei denen Arbeitspläne erarbeitet und anstehende Probleme besprochen werden, arbeitete sie im Team hervorragend mit, brachte Ideen ein und unterstützte die Teamarbeit durch gemeinschaftsfördernde Aktivitäten. Außerdem unterstützte sie die Kindergartenleitung bei organisatorischen Aufgaben gut. Auch das besondere katholische Profil der Einrichtung wurde von ihr gut mitgetragen.

Frau Großbölting arbeitete selbstständig, stets motiviert und sehr engagiert. Sie war stets ordentlich, pünktlich und erledigte übertragene oder freiwillig übernommene Aufgaben immer gut und zuverlässig. Sie war auch starkem Arbeitsanfall z. B. in der Eingewöhnungsphase neuer Kinder jederzeit gewachsen.

Sie fühlte sich über ihre Gruppe hinaus auch jederzeit für die gesamte Einrichtung verantwortlich. Hervorzuheben ist ihr Einsatz bei der Weiterentwicklung von der Tageseinrichtung zum Familienzentrum. Sowohl bei der Planung und Ausführung der Angebote als auch bei der Erstellung des Programmheftes und der Zertifizierung war ihre Mitarbeit eine große Unterstützung. Dafür sind wir ihr zu großem Dank verpflichtet.

Zusammenfassend kann gesagt werden, dass Frau Großbölting ihre Aufgabe als Erzieherin und als Gruppenleiterin in unserem Kindergarten stets zu unserer vollen Zufriedenheit erfüllt hat. Ihre Arbeit wurde vom Träger, der Kindergartenleitung und den Eltern von Anfang an positiv bewertet.

Ihr persönliches Verhalten war jederzeit einwandfrei. Sie ist allseits anerkannt und geschätzt.

Frau Großbölting verlässt unsere Pfarrgemeinde auf eigenen Wunsch, um in der Nachbarstadt die Leitung eines Kindergartens zu übernehmen. Leider können wir ihr zurzeit in unserer Gemeinde keine Leitungsstelle anbieten. Wir bedauern, dass wir eine so wertvolle Mitarbeiterin verlieren und wünschen Frau Großbölting für ihren weiteren Lebensweg persönlich und beruflich alles Gute und Gottes Segen.

In diesem Zeugnis für eine Erzieherin wird bereits in den Anfangsangaben erklärt, dass vorwiegend Kinder aus Familien mit Migrationshintergrund betreut werden. Zu Beginn wird der Werdegang der Mitarbeiterin dargestellt, danach folgt eine ausführliche Tätigkeitsbeschreibung. Wichtig ist die Darstellung der pädagogischen Fähigkeiten der Mitarbeiterin. Außerdem wird erwähnt, dass sie nebenberuflich weitere fachbezogene Ausbildungen absolviert und abgeschlossen und diese Kenntnisse in die Arbeit der Einrichtung gewinnbringend eingebracht hat. Die Zusammenarbeit mit den Eltern wird ebenfalls erwähnt. Das gute Zeugnis schließt mit einer Schlussformulierung ab, die den Grund für den Weggang (Übernahme der Leitung eines Kindergartens) nennt.

Positiv ist auch die Erwähnung, dass in der bisherigen Pfarrgemeinde keine Leitungsstelle angeboten werden konnte und das Bedauern über den Weggang ausgedrückt wird.

4. Erzieherin in einer Wohngruppe für Menschen mit Behinderungen (Endzeugnis), Diakonie

Arbeitszeugnis

Frau Katharina Wibbelt, geboren am 12.1.1988, war in der Zeit vom 15.11.2017 bis zum 31.12.2018 als Erzieherin in der Wohngruppe und dem Internat Warendorf im Dienst des Diakonischen Jugendvereines Münsterland e.V. beschäftigt.

Die Wohngruppe und Internat Warendorf ist eine Einrichtung, in der sinnesgeschädigte Schülerinnen und Schüler während der Woche leben. Fast alle Schülerinnen und Schüler weisen neben der Primärbehinderung (Gehörlosigkeit, Schwerhörigkeit oder Sehbehinderung) eine Sekundärbehinderung in Form von einer geistigen Behinderung oder einer Lernbehinderung und erhebliche Verhaltensstörungen auf. Aufgrund der notwendig gewordenen Familienentlastung werden für einzelne Schülerinnen und Schüler seit einigen Jahren Wochenend- und Freizeitbetreuungszeiten angeboten.

Frau Wibbelt arbeitete in unterschiedlichen Gruppenzusammensetzungen. Die Gruppe, in der sie zuletzt arbeitete, bestand aus 7 Kindern und Jugendlichen im Alter von 7 bis 18 Jahren.

Neben hauswirtschaftlichen Arbeiten war Frau Wibbelt auch mit allen Aufgaben im lebenspraktischen Alltag der Schülerinnen und Schüler betraut. Ihr Aufgabengebiet umfasste die Anleitung und Kontrolle bei der täglichen Körperhygiene sowie Schulaufgaben- und

Freizeitbetreuung. Der Schwerpunkt ihrer Arbeit lag im Aufbau und in der Förderung der Selbstständigkeit und der sozialen Kompetenz der Bewohner der Gruppe. Außerdem war sie auch mit der Wochenend- und Ferienbetreuung der Schülerinnen und Schüler betraut.

Frau Wibbelt besuchte sehr erfolgreich einen Kurs in Gebärdensprache, um ihre Stärken auszubauen und setzte die dort erlernten Grundlagen zur Kommunikation mit den Kindern und Jugendlichen zum Wohle unserer Einrichtung direkt in ihrer Arbeit um.

Frau Wibbelt war die Freude am Beruf der Erzieherin am Umgang mit den Kindern und Jugendlichen anzumerken. Aufgrund ihres Einfühlungsvermögens fand sie in kürzester Zeit den Kontakt zu den Kindern und Jugendlichen und verstand es, die Kinder in der Gruppe zur Mitarbeit anzuregen und zu fördern. Sie erfasste aufgrund ihrer aufmerksamen Beobachtungsgabe sehr schnell die individuellen Bedürfnisse der Gruppenmitglieder. Ihr gutes Denk- und Urteilsvermögen befähigt sie im Umgang mit den Kindern und Jugendlichen zu guten, ausgewogenen Urteilen. Frau Wibbelt zeigte sich stets engagiert und fleißig.

Sie ergriff von sich aus die Initiative und setzte sich mit großer Einsatzbereitschaft und hohem Engagement für unsere Einrichtung ein. Sie nahm aktiv an Teamgesprächen der Gruppe teil, brachte Ideen ein, unterstützte die Teamarbeit und setzte die erarbeiteten Ziele und Vereinbarungen sehr gewissenhaft und zielorientiert um. Sie war stets ordentlich, pünktlich und hat ihr übertragene oder freiwillig übernommene Aufgaben immer gut und sehr zuverlässig erledigt.

Besonders hervorzuheben ist dabei ihre aktive Zusammenarbeit mit unterschiedlichen Netzwerken, z. B. der Schule, den Eltern, den Ärzten und Integrationshelfern. Außerdem hat sich Frau Wibbelt sehr gut engagiert bei der Organisation und Durchführung einer Ferienfreizeit im Haus Meeresrauschen auf Wangerooge.

Im Umgang mit den Kindern und Jugendlichen, die teilweise immer wieder Fremdaggressionen zeigten, verhielt sich Frau Wibbelt stets situationsgerecht und zeigte sich auch in schwierigen Situationen

> *stets belastbar. Frau Wibbelt ist in der Lage, die Bedürfnisse und Interessen, aber auch die Schwächen und Schwierigkeiten der Schülerinnen und Schüler schnell zu erkennen und darauf einzugehen. Es gelang ihr, die Kinder und Jugendlichen zu motivieren, die Begabungen zu fördern und die Persönlichkeit der Kinder weiterzuentwickeln, wobei sie großen Wert auf das Sozialverhalten der ihr anvertrauten Menschen sowie auf die Erziehung zur Selbstständigkeit legte.*
>
> *Auch bei hoher Belastung bewältigte sie alle Aufgaben in guter Weise. Sie übernahm stets auch monatliche Nachtbereitschaftsdienste und setzte sich mit hoher Flexibilität auch über die übliche Arbeitszeit hinaus für die Einrichtung ein.*
>
> *Ihr Verhalten gegenüber Vorgesetzten, Mitarbeiterinnen und Mitarbeitern war stets einwandfrei, höflich und vorbildlich.*
>
> *Frau Wibbelt erfüllte die ihr übertragenen Aufgaben stets zu unserer vollen Zufriedenheit.*
>
> *Frau Wibbelt scheidet auf eigenen Wunsch aus dem Dienst des Jugendvereins Münsterland e.V. aus. Wir bedanken uns für die stets gute Zusammenarbeit und bedauern, eine gute Fachkraft zu verlieren. Wir wünschen Frau Wibbelt für ihren weiteren Berufs- und Lebensweg alles Gute und viel Erfolg.*

Dieses Endzeugnis wurde für einen kurzen Beschäftigungszeitraum (ein Jahr) ausgestellt. Die Erzieherin war in der Gruppenarbeit der Einrichtung für sinnesgeschädigte Schülerinnen und Schüler tätig. Erwähnt wird die Fortbildung zum Thema Gebärdensprache und die pädagogische Fähigkeit der Mitarbeiterin. In diesem Zeugnis sind allerdings auch einige Standard-Formulierungen enthalten. Die gute Belastbarkeit der Mitarbeiterin auch bei Aggressionssituationen wird hervorgehoben. Das Zeugnis liegt zwischen den Schulnoten 2 (gut) und 3 (befriedigend) und wurde ausgestellt, da die Mitarbeiterin auf eigenen Wunsch ausgeschieden ist. Hier handelt es sich also um eine Eigenkündigung.

5. Verwaltungsleiterin (Zwischenzeugnis), Evangelische Kirche

Zwischenzeugnis

Frau Pia Komanski, geboren am 15.5.1973 in Langensalza, ist seit dem 1.11.2007, zuletzt als Verwaltungsleiterin bei uns tätig.

Die Wir für Kinder-gGmbH arbeitet im Rahmen der Hilfen zur Erziehung und im Bereich der offenen Kinder- und Jugendarbeit sowie der Fort- und Weiterbildung. Sie ist Mitglied im Paritätischen Wohlfahrtsverband Hamburg, in der IGFH, der AFET – Bundesverband für Erziehungshilfe e.V., im Fachverband Betreutes Wohnen sowie in der Qualitätsoffensive Trägerbund stationärer Jugendhilfe e.V.

Die Wir für Kinder-gGmbH ist ein Träger der freien Jugendhilfe, in dem regelmäßig etwa 30 Kinder und Jugendliche im Alter von 2 bis 21 Jahren stationär oder in ambulanten Maßnahmen betreut werden. Zum Jugendhilfeangebot gehören u. a.:

- *Erziehungswohngruppen und Wohngruppen mit alternierend innewohnender Betreuung nach § 27 in Verbindung mit § 34 SGB VIII*
- *Betreutes Einzelwohnen in einer Hausgemeinschaft nach § 27 in Verbindung mit § 34 SGB VIII*
- *Betreutes Einzelwohnen für junge Volljährige nach § 27 in Verbindung mit §§ 34, 41 SGB VIII*
- *Ambulante Maßnahmen nach § 27 in Verbindung mit §§ 30, 31, 35 und 41 SGB VIII*
- *Betrieb eines Jugendgruppenhauses in Kooperation mit dem Bezirksamt*
- *Betrieb des Medienkompetenzzentrums*

Frau Komanski arbeitete zu Beginn ihrer Tätigkeit als geringfügig beschäftigte Verwaltungsangestellte. Im Verlauf ihrer Tätigkeit erhöhte sich der Beschäftigungsumfang auf zuletzt 30 Wochenstunden.

Zu den Aufgaben von Frau Komanski gehören u. a.:
- *eigenverantwortliche Durchführung der gesamten Finanzbuchhaltung mit laufender Buchführung, Anlagenbuchhaltung, Mahnwesen (Offene-Posten-Buchhaltung),*
- *Vorbereitung des Jahresabschlusses*
- *internes Rechnungswesen / Kosten- und Leistungsrechnung*
- *Rechnungslegung*
- *Abwicklung des Zahlungsverkehrs*
- *Abrechnung der zuwendungsfinanzierten Projekte durch das Erstellen sämtlicher Verwendungsnachweise*
- *Budgetverwaltung*
- *eigenverantwortliche Personalsachbearbeitung und Vorbereitung der Gehaltsabrechnungen, die extern abgewickelt werden*
- *selbstständige Überwachung aller personalwirtschaftlichen Fristen, wie z. B. Ablauf von Probezeiten, Befristungen, Bruttolohnänderungen usw.*
- *Abrechnung der Arbeitszeiten aus den Dienstplänen unter Berücksichtigung der steuerlichen und sozialversicherungsrechtlichen Vorgaben bei der Abrechnung der Vergütung für den „Dienst zu ungünstigen Zeiten"*
- *selbstständige Führung von Entgeltverhandlungen mit Senat und Landkreisen*
- *Ansprechpartnerin für Versicherungen, Steuerberater, Finanzamt, Sozialversicherung, Mitarbeiter, Auftraggeber*

Frau Komanski eignete sich während ihrer beruflichen Tätigkeit umfangreiche Fachkenntnisse in allen oben genannten Arbeitsbereichen sowie in Randbereichen an. Frau Komanski ist bestens mit diesem Aufgabengebiet vertraut. Sie eignet sich laufend neue Kenntnisse und Fähigkeiten an, um veränderten Anforderungen an ihren Arbeitsplatz gerecht zu werden. Dazu hat Frau Komanski an folgenden Seminaren teilgenommen:
2010 Buchführung – Aufbauseminar
2013 Jahresabschluss in sozialen Einrichtungen

2013 Kosten- und Leistungsrechnung
2015 TK-Praxisseminar
2015 Qualitätsmanagement im Rechnungswesen
2017 Grundzüge des Allgemeinen Gleichbehandlungsgesetzes
2017 Gemeinnützigkeit und Steuern
2018 Basistraining Finanzbuchhaltung SAP
2018 Diplom-Lehrgang Finanzbuchhalterin / Sozialwirtschaft
2018 Steuergesetze für gemeinnützige Körperschaften
2019 Betriebliche Altersvorsorge
2019 Studenten, Praktikanten, Schüler und Aushilfen und die Berücksichtigung in der Sozialversicherung
2020 Zuwendungsrecht des Bundes und der Länder
2020 TV-L

Die dort gewonnenen Erkenntnisse hat Frau Komanski sehr gut und zum Nutzen unserer Einrichtung in die tägliche Arbeit eingebracht.

Für das Jahr 2020 ist zudem die Teilnahme am Kurs: „Büroorganisation und Zeitmanagement" vorgesehen.

Wir kennen Frau Komanski als eine stets interessierte, fleißige und flexible Mitarbeiterin, die ihre Aufgaben stets zu unserer vollsten Zufriedenheit ausführt.

Sie bewältigt ihren Arbeitsbereich stets selbstständig und sicher, termingetreu, und sehr zuverlässig. Sie führt ihre Tätigkeiten stets sehr sorgfältig durch.

Auch unter großem Termindruck erfüllt Frau Komanski durch ihren hohen flexiblen Arbeitseinsatz stets die Anforderungen.

Darüber hinaus handelt Frau Komanski immer sehr zielorientiert und qualitäts- und verantwortungsbewusst. Aufgrund ihrer zuverlässigen und vorbildlich pflichtbewussten Arbeitsweise erbringt sie stets sehr gute Leistungen.

Schwierige Zusammenhänge überblickt Frau Komanski schnell, erkennt das Wesentliche und ist in der Lage, schnell Lösungen aufzuzeigen. Ihre Urteilsfähigkeit bei der personalwirtschaftlichen Betreuung von Mitarbeitern ist geprägt durch ihre klare und logische Gedankenführung, die sie zu sicheren Urteilen befähigt.

Als Ansprechpartnerin für Versicherungen, Steuerberater, Finanzamt, Sozialversicherungsträger, Bezirksämter und Mitarbeiter ist sie stets sehr geschätzt und sehr verlässlich.

Frau Komanski erkennt und versteht in den Verhandlungen schnell die individuellen Bedürfnisse der Bezirksämter und unterstützt in hervorragender Weise im Sinne unseres Unternehmens alle Beteiligten. Die Entgeltsätze für unsere entgeltfinanzierten Angebote werden von ihr eigenverantwortlich mit den zuständigen Landkreisen und dem Senat ausgehandelt. Auch dabei vertritt Frau Komanski in sehr guter Weise immer die Anliegen unseres Trägers und setzt sie erfolgreich durch.

Frau Komanski zeichnet sich durch ein hohes Maß an Eigeninitiative aus. Sie ergreift von sich aus die Initiative und setzt sich mit hoher Einsatzbereitschaft für unser Unternehmen ein. Auch stärkstem Arbeitsanfall ist Frau Komanski jederzeit gewachsen.

Zu ihrem Dienstantritt hatte unser Träger vier Mitarbeiter. Mittlerweile arbeiten 40 Angestellte für uns. Die dazu notwendige Verwaltung hat Frau Komanski in ihrer bisherigen Beschäftigungszeit eigenverantwortlich aufgebaut. Dafür sind wir ihr zu großem Dank verpflichtet.

Auch die für unsere Finanzbuchhaltung und Korrespondenz bedienten Software-Module wurden von ihr mit Unterstützung der Hotline und externer Steuerberater so eingerichtet, dass sie in sehr guter Weise den betrieblichen Bedürfnissen entsprechen.

Ihr Verhalten gegenüber Vorgesetzten, Kollegen und Mitarbeitern ist stets vorbildlich. Bei Vorgesetzten, Kollegen und externen Verhandlungspartnern ist sie gleichermaßen sehr geschätzt. Mit allen beteiligten Personen kommuniziert sie im Sinne unseres Trägers in hervorragender Weise.

> *Wir erstellen dieses Zwischenzeugnis auf Wunsch von Frau Komanski. Wir würden es sehr bedauern, mit ihr eine so wertvolle Mitarbeiterin zu verlieren. Wir bedanken uns an dieser Stelle bei Frau Komanski für ihre bisherige Tätigkeit in unserem Unternehmen und freuen uns auf die weitere Zusammenarbeit.*

↘ In diesem sehr guten Zeugnis wird zu Beginn viel Wert auf die Darstellung der Einrichtung gelegt. Dies ist sinnvoll, wenn die Einrichtung dem unbefangenen Zeugnisleser nicht ohnehin schon bekannt ist. Dargestellt wird in guter Weise, dass die Mitarbeiterin von der Tätigkeit als geringfügig beschäftigte Verwaltungsangestellte bis zur Verwaltungsleiterin aufgestiegen ist. Allerdings ist hier Vorsicht geboten, da in diesem Zeugnis keine unterstellten Mitarbeiter erwähnt werden. Was heißt also „Verwaltungsleitung"? Es folgt eine umfangreiche Darstellung der Aufgaben sowie der absolvierten Fortbildungen. Hier wird also verdeutlicht, dass es sich um eine Mitarbeiterin handelt, die ein hohes Interesse daran hat, ihre Fachkenntnisse auf dem aktuellen Stand zu halten und sich stets weiterzubilden. Es folgen dann sehr gute Einzelleistungsbewertungen und eine ausführliche Darstellung der Zusammenarbeit mit den beteiligten Personen und Institutionen. Außerdem wird dargestellt, dass der Träger im Laufe der Zeit viele Mitarbeiter hinzugewonnen hat. Am Ende steht die Begründung für die Ausstellung des Zwischenzeugnisses (auf eigenen Wunsch).

6. Sachbearbeiterin in katholischer Fachhochschule (Endzeugnis)

Arbeitszeugnis

Frau Stefanie Schmitz, geb. am 21.9.1976 in Immekeppel, war zunächst vom 1.7.2007 bis zum 30.9.2007 als freie Mitarbeiterin am Institut für Fort- und Weiterbildung der Katholischen Fachhochschule Musterstadt und in der Folge als Sachbearbeiterin vom 1.10.2007 bis zur Auflösung des Instituts am 31.12.2010 mit einem Stellenanteil von 80 % beschäftigt. Die Hochschule gründete zum 1.1.2011 das Referat Weiterbildung, Forschung und Entwicklung (später Referat Weiterbildung). Frau Stefanie Schmitz arbeitete vom Gründungsdatum bis zum 30.6.2019 mit einem Stellenanteil von 100 % im Referat Weiterbildung und war für das Bildungsmanagement verantwortlich.

Das Arbeitsgebiet von Frau Schmitz umfasste insbesondere folgende Aufgaben:
- *Organisatorische Vorbereitung, Durchführung und Nachbereitung der Veranstaltungen des Referats*
- *Erstellung veranstaltungs- und studiengangsbezogener Finanzpläne sowie Zuarbeit zur Haushaltsplanung der Hochschule*
- *Durchführung von Weiterbildungsberatungen*
- *Beantragung von Fördermitteln*
- *Anleitung und Koordinierung des Arbeitseinsatzes der studentischen Mitarbeiterinnen und Mitarbeiter*
- *Aufbau und Entwicklung der Weiterbildungsdatenbank*
- *Organisation der Erstellung von Werbemitteln*
- *Konzeptionelle Entwicklung in Abstimmung mit der Referatsleitung der Alumni-Arbeit, Aufbau der Alumni-Datenbank*

In der organisatorischen Vorbereitung, Durchführung und Nachbereitung von Veranstaltungen des Referats Weiterbildung sowie von Tagungen und Kongressen bewies Frau Schmitz ihr ausgeprägtes

Organisationstalent, Flexibilität, Einsatzfreude und eine überdurchschnittliche Einsatzbereitschaft. Sie traf die Absprachen mit dem Hausmanagement der Hochschule zur Integration der Veranstaltungen des Referats in den Hochschulbetrieb. Frau Schmitz leitete die studentischen Mitarbeiterinnen und Mitarbeiter des Referats an und koordinierte deren Arbeit und den Einsatz bei Veranstaltungen. Sie erfüllte diese Aufgaben stets umsichtig, eigenverantwortlich und äußerst zuverlässig.

Bei der Erstellung von Finanzplänen, Rentabilitätsrechnungen etc. ging Frau Schmitz stets mit Systematik, Genauigkeit und mit einem hohen Verantwortungsbewusstsein vor. Sie war bei der erfolgreichen Gewinnung von Fördermitteln u. a. durch das Bundesministerium für Bildung und Forschung (BMBF) maßgeblich beteiligt.

Frau Schmitz übernahm in der Aufbauzeit des Referats als Grundlage der Profilbildung umfangreiche Recherchen zu den Angeboten anderer Träger, die ebenfalls in den Feldern der Sozialen Arbeit Weiterbildungsmaßnahmen entwickeln. Die Ergebnisse dieser Arbeit mündeten zusätzlich in der von Frau Schmitz konzipierten Weiterbildungsdatenbank, die auf einer Fachmesse der Weiterbildungsanbieter der Öffentlichkeit vorgestellt werden konnte, und der stets gut nachgefragten persönlichen, telefonischen und schriftlichen Weiterbildungsberatung.

Sie entwickelte Konzepte zur Alumni-Arbeit und wurde später von der Hochschulleitung als Ansprechpartnerin für die ehemaligen Studierenden, Lehrenden und Mitarbeitenden eingesetzt. Aus eigener Initiative entwickelte sie – ebenfalls in Absprache mit der Referatsleitung – E-Mail-Newsletter für Alumni und bereitete mehrere Ehemaligentreffen in der Hochschule organisatorisch vor.

Frau Schmitz vertrat die Mitarbeiterinnen und Mitarbeiter der Verwaltung als gewähltes Mitglied des Akademischen Senats von 2013 bis 2015 und von 2017 bis 2019 als Mitglied des erweiterten Akademischen Senats. Im letztgenannten Zeitraum war sie ebenfalls gewähltes Mitglied in der Kommission Weiterbildung, der sie bereits vorher mehrjährig mit beratender Stimme angehörte.

Frau Schmitz hat die ihr übertragenen Aufgaben stets sehr sorgfältig, zuverlässig und zu unserer vollsten Zufriedenheit ausgeführt. Sie zeichnet sich durch rasche Auffassungsaufgabe, Gründlichkeit, eine sehr eigenständige Arbeitsweise und die Fähigkeit aus, auch komplizierte Sachverhalte anschaulich darzustellen. Frau Schmitz hat sich kontinuierlich weitergebildet, z. B. im Bereich der Gesprächsführung und des Projektmanagements.

Ihre PC-Kenntnisse sind in allen verwendeten Software-Produkten (MS-Office, KatHO-Doc, KatHO-Plan) auf dem aktuellen Stand.

Im Umgang mit Vorgesetzten und Kolleginnen und Kollegen erwies sich Frau Schmitz als stets korrekt, freundlich und hilfsbereit. Ihr wurde Anerkennung und Wertschätzung entgegengebracht.

Mit großem Bedauern haben wir die Nachricht von ihrer dauerhaften Berentung entgegengenommen. Mit ihrer Verbindlichkeit und Loyalität hat sie einen wichtigen Beitrag zur Entwicklung des Referats Weiterbildung geleistet.

Die Hochschule dankt Frau Schmitz für die gute und vertrauensvolle Zusammenarbeit und wünscht ihr für den weiteren Lebensweg viel Glück und Erfolg, insbesondere Genesung und Gottes Segen.

In diesem Zeugnis wird zu Beginn die Berufslaufbahn der Mitarbeiterin ausführlich dargestellt. Nach einer kurzen Aufgabenbeschreibung mit tabellarischer Aufzählung wird dann im Bewertungsteil eine weitere Aufgabenbeschreibung, vermischt mit Bewertungen, durchgeführt. Dies ist so möglich. In diesen Einzelleistungsbewertungen wird auch die berufliche Entwicklung der Mitarbeiterin weiter vertieft. Am Ende wird von einer dauerhaften Berentung gesprochen. Die Erwähnung der Berentung ist mindestens diskussionswürdig. Eine vorherige langanhaltende Krankheitszeit wird allerdings nicht erwähnt.

Je nach Dauer dieser Krankheitszeit muss / kann sie unter Umständen genannt werden. Personalfachleute werden aus der Nennung der Berentung jedenfalls ihre Schlüsse ziehen.

7. Personalsachbearbeiterin im Krankenhaus (Endzeugnis), Caritas

Arbeitszeugnis

Frau Julia Mielke, geboren am 17.12.1987 in Berlin, war vom 18.2.2013 bis zum 31.7.2017 als Personalsachbearbeiterin bei uns tätig.

Unser Krankenhaus St. Leopold ist Träger der Stiftung des heiligen Antonius. Wir beschäftigen heute an 5 Standorten etwa 800 Mitarbeiter in den verschiedensten Berufsgruppen des Gesundheitswesens.

Zu den Aufgaben von Frau Mielke gehörten zu Beginn ihrer Tätigkeit u. a.:
- *Personalwirtschaftliche Betreuung der Mitarbeiter*
- *Vorbereitende Lohnabrechnung*
- *Führen von Mitarbeiterakten*
- *Abfassen von Arbeitsverträgen*
- *Verwaltung von Einstellungen und Austritten*
- *Erstellen von Arbeitnehmerüberlassungsverträgen für bei uns eingesetzte Arbeitnehmer nach dem AÜG*

Nach 9 Monaten konnten wir Frau Mielke aufgrund ihrer Fähigkeiten und Kenntnisse als eigenverantwortliche Personalsachbearbeiterin für medizinische Berufe einsetzen. Sie war dort gemeinsam mit einer Kollegin für die Disposition von ca. 70 Mitarbeitern zuständig. Diese Aufgabe umfasste folgende Tätigkeiten:

- Mitarbeiterplanung für alle Qualifikationen im medizinischen Bereich
- Mitarbeiterbetreuung
- Rufbereitschaft für die Mitarbeiteranfragen im Anschluss an die Bürozeit
- Rekrutierung und die entsprechenden Mitarbeitereinstellungen in Abhängigkeit der Personalbedarfe auf den Stationen
- Ausbau der Zusammenarbeit mit Weiterbildungsträgern und privaten Arbeitsvermittlern
- Vorbereitung und Durchführung von Messeauftritten für Berufsanfänger

Frau Mielke eignete sich während ihrer beruflichen Tätigkeit umfangreiche Fachkenntnisse in allen oben genannten Arbeitsbereichen an. Frau Mielke war bestens mit diesem Aufgabengebiet vertraut. Außerdem hat Frau Mielke an folgendem Seminar teilgenommen: „AÜG-Basic" – Intensivseminar mit Zeitarbeits-Tarifverträgen

Eine nebenberufliche Weiterbildung zur Industriekauffrau mit Schwerpunkt Personal (IHK) hat sie erfolgreich abgeschlossen.

Die dort gewonnenen Erkenntnisse hat Frau Mielke sehr gut und zum Nutzen unseres Hauses in die tägliche Arbeit eingebracht.

Wir haben Frau Mielke als eine stets interessierte, fleißige und flexible Mitarbeiterin kennen gelernt, die ihre Aufgaben stets zu unserer vollsten Zufriedenheit ausführte.

Sie bewältigte ihren Arbeitsbereich stets selbstständig und sicher, termingetreu und sehr zuverlässig. Sie führte ihre Tätigkeiten stets sehr sorgfältig durch.

Besondere Kenntnisse hat sich Frau Mielke in der Abrechnung von Ruf- und Bereitschaftsdiensten gemäß AVR erworben. Unter anderem dafür war sie eine gefragte Kollegin. Die Abwicklung der Daten für die Kirchliche Zusatzversorgungskasse (KZVK) sowie die gesamte Klärung und Berechnung von Fort- und Weiterbildungsmaßnahmen für den ihr anvertrauten Mitarbeiterstamm hat Frau Mielke sehr zuverlässig vorgenommen.

Trotz des großen Personaldrucks in unserem Unternehmensbereich erfüllte Frau Mielke durch ihren hohen flexiblen Arbeitseinsatz stets die Anforderungen.

Darüber hinaus handelte Frau Mielke immer zielorientiert und qualitäts- und verantwortungsbewusst. Aufgrund ihrer zuverlässigen und pflichtbewussten Arbeitsweise erbrachte sie stets sehr gute Leistungen.

Schwierige Zusammenhänge überblickte Frau Mielke schnell, erkannte das Wesentliche und war in der Lage, schnell Lösungen aufzuzeigen. Ihre Urteilsfähigkeit bei der Einstellung oder Kündigung von Mitarbeitern war geprägt durch ihre klare und logische Gedankenführung, die sie zu sicheren Urteilen befähigte.

Frau Mielke zeichnete sich durch ein hohes Maß an Eigeninitiative aus. Sie ergriff von sich aus die Initiative und setzte sich mit überdurchschnittlicher Einsatzbereitschaft für unser Unternehmen ein. Auch starkem Arbeitsanfall war Frau Mielke jederzeit gewachsen.

Sie eignete sich laufend neue Kenntnisse und Fähigkeiten an, um veränderten Anforderungen an ihren Arbeitsplatz gerecht zu werden. Ihre Softwarekenntnisse (Datev, SAP, Vivendi usw.) hat Frau Mielke stets auf dem aktuellen Stand gehalten.

Für die ihr anvertrauten Mitarbeiter und Mitarbeiterinnen war sie stets eine zuverlässige und qualifizierte Ansprechpartnerin.

Frau Mielke erkannte und verstand in der Akquise neuer Mitarbeiter schnell die individuellen Bedürfnisse unseres Hauses und unterstützte in hervorragender Weise im Sinne unseres Unternehmens alle Beteiligten.

Bei Auftritten auf Messen hat sie unser Unternehmen in sehr guter Weise präsentiert.

Ihr Verhalten gegenüber Vorgesetzten, Kollegen und Mitarbeitern war stets einwandfrei. Bei Vorgesetzten, Kollegen und Kunden wurde sie

> *gleichermaßen geschätzt. Mit allen beteiligten Personen kommunizierte sie im Sinne unseres Hauses in hervorragender Weise.*
>
> *Frau Mielke scheidet auf eigenen Wunsch aus unserer Einrichtung aus, da sie sich einer neuen Aufgabe zuwenden möchte. Wir bedauern das Ausscheiden und bedanken uns für gute Leistungen. Für ihre berufliche und private Zukunft wünschen wir ihr alles Gute und viel Erfolg.*

↳ In diesem Arbeitszeugnis einer Personalsachbearbeiterin in einem Krankenhaus wird zu Beginn in Kurzform die Aufgabenbeschreibung durchgeführt. Gut dargestellt ist der betriebliche „Aufstieg", dass sie nach neun Monaten bereits als eigenverantwortliche Personalsachbearbeiterin eingesetzt werden konnte. Gut ist auch die Darstellung der Fachkenntnisse und die Erwähnung der nebenberuflichen Weiterbildung. Wichtig ist auch hierbei, dass die dort gewonnenen Kenntnisse in die tägliche Arbeit gut eingebracht wurden. In einigen Einzelleistungsbewertungen werden Standardformulierungen benutzt. Am Ende wird dargestellt, dass sich die Beendigung des Arbeitsverhältnisses durch eine Eigenkündigung ergeben hat.

8. Krankenschwester (Endzeugnis), Caritas

Arbeitszeugnis

Frau Nicole Sappinger, geb. am 1.5.1969 in München, arbeitete vom 1.5.2004 bis zum 2.4.2020 als examinierte Krankenschwester in Vollzeit im Dreischicht-System in unserer Einrichtung.

Wir sind ein Allgemein- und Notfallkrankenhaus mit 6 Fachabteilungen und 4 Zentren. Im St. Ursula-Krankenhaus versorgen 450 Mitarbeiter jährlich über 20.000 Patienten. Wir sind einbezogen in die Notfallversorgung des Landes Bayern und verfügen über die Fachabteilungen Innere Medizin I: Gastroenterologie, Kardiologie; Urologie; Innere Medizin II: Klinische Geriatrie; Orthopädie und Unfallchirurgie; Allgemein- und Viszeralchirurgie mit einem zusätzlichen Bereich für Gefäßchirurgie; Anästhesiologie und Intensivmedizin.

Frau Sappinger war auf einer Station mit 29 internistischen und 8 geriatrischen Patienten eingesetzt.

Zu den Tätigkeiten von Frau Sappinger zählten insbesondere:
- *Grundpflege und Behandlungspflege sowie die Versorgung von Patienten*
- *Mitarbeit bei der Zusammenstellung und Verabreichung der ärztlich verordneten Medikamente*
- *Betreuung, Pflege und Beratung von Patienten mit vorwiegend fachspezifischen Krankheitsbildern wie z. B. Multiple Sklerose, Parkinson, Epilepsie, Diabetes*
- *Betreuung, Pflege und Beratung von gerontopsychiatrischen Patienten mit Demenz- oder Alzheimerdiagnostik*
- *Patientenbeobachtung und -bewertung, Anleitung und Beratung von Patienten und deren Angehörigen*
- *Patientendokumentation*

- *Anleitung von Schülern und Schülerinnen*
- *Infusionen, Umstecken von Infusionen und Anlegen von Kurzinfusionen*
- *Kapillare Blutentnahmen*
- *Umsetzung von Pflegekonzepten, Bereichspflege*
- *Organisation des gesamten stationären Aufenthaltes der Patienten auf der Station*

Frau Sappinger hat sich bereits nach kurzer Zeit als stets engagiert und aufgrund ihrer guten fachlichen Fähigkeiten als vielseitig einsetzbar erwiesen.

Sie hat die ihr gebotenen Möglichkeiten der internen und externen beruflichen Weiterbildung stets mit gutem Erfolg genutzt und das dort erworbene Fachwissen gewinnbringend für unsere Einrichtung in ihrem Arbeitsablauf eingesetzt. Besonders hat sie sich in diesen Bereichen fortgebildet:
- *Weiterbildung zur Praxisanleiterin*
- *Rechtliche Probleme bei der Pflege und Betreuung alter Menschen*
- *Konflikte und Stressbewältigung (Grund- und Aufbauseminar)*
- *Sterben – eine Herausforderung an die Lebenden – Hospizarbeit*
- *Kontinenzförderung – Expertenstandard*
- *Qualität in der Krankenpflege*
- *Reanimation für Pflegepersonal*
- *Dekubitusmanagement*
- *Präventionsmaßnahmen bei Infektion / MRSA*
- *Qualitätsmanagement*
- *Patientenorientierte Kommunikation im Klinikalltag*

In ihren Arbeitsbereich hat sie sich engagiert eingearbeitet. Bei personellen Engpässen und anderen Anlässen übernahm sie immer zusätzliche Aufgaben.

Frau Sappinger zeichnete sich stets durch eine überdurchschnittliche Arbeitsqualität aus. Sie arbeitete selbstständig, jederzeit zuverlässig, motiviert und überzeugte uns durch ihr fundiertes Fachwissen. Sie verfügte über eine gute Patientenbeobachtung und arbeitete flexibel. Sie leitete situationsgerecht die notwendigen Maßnahmen ein und bewältigte auch Krisenzeiten umsichtig und fürsorglich. Sie war immer eine belastbare Mitarbeiterin, deren Arbeitsqualität auch bei wechselnden Anforderungen uns jederzeit überzeugte.

Besonders hervorzuheben ist ihre große Aufmerksamkeit, Sorgfalt und Hilfsbereitschaft im Umgang mit Patienten. Frau Sappinger war eine freundliche, kontaktfreudige Mitarbeiterin, durch ihre aufgeschlossene Art fand sie schnell Kontakt zu den Patienten und konnte sich auf die individuellen Bedürfnisse einstellen. Sie arbeitete zuverlässig und patientenorientiert, sie war flexibel einsetzbar und konnte sich schnell der jeweiligen Situation anpassen. In akuten Situationen bewahrte sie die Ruhe und behielt den Gesamtüberblick.

Bei Vorgesetzten, Kollegen und Patienten war sie sehr geschätzt. Ihr persönliches Verhalten war jederzeit einwandfrei. Der Umgang mit den ihr anvertrauten Schülern war umsichtig und professionell.

Durch ihre langjährige Mitarbeit auf der Station sowie durch Einsatzbereitschaft und Hilfsbereitschaft, aber auch durch konstruktive Diskussionen hatte Frau Sappinger einen festen Platz im Team eingenommen. Veränderungen und Neuerungen gegenüber war sie stets aufgeschlossen, brachte auch eigene Ideen ein und beteiligte sich an deren Umsetzung.

Frau Sappinger hat unserer Einrichtung in ihrem Verantwortungsbereich gute Dienste erwiesen. Mit ihren guten Leistungen und Erfolgen waren wir stets voll zufrieden.

Frau Sappinger scheidet mit dem heutigen Tag aus unserer Einrichtung aus. Wir bedauern diese Entscheidung sehr, da wir eine wertvolle Mitarbeiterin verlieren. Wir danken Frau Sappinger für die gute und vertrauensvolle Zusammenarbeit und wünschen ihr für den weiteren Lebensweg viel Erfolg, persönlich alles Gute und Gottes Segen.

🗲 In diesem Arbeitszeugnis nimmt nach einer ausführlichen Aufzählung der Tätigkeiten die Darstellung der verschiedenen Fortbildungen großen Raum ein. Sehr gut bewertet werden die Arbeitsqualität sowie der Umgang mit den Patienten. Es fehlen Aussagen zur Zusammenarbeit mit anderen Beteiligten wie z. B. Ärzten, Funktionsbereichen und Fachabteilungen. Außerdem werden gute Aussagen zur Teamfähigkeit getätigt. Am Ende steht das ehrliche Bedauern darüber, dass die Mitarbeiterin zu einem anderen Arbeitgeber wechselt.

9. Altenpflegerin in einem katholischen Seniorenstift (Zwischenzeugnis), Ordenseinrichtung

Zwischenzeugnis

Frau Melanie Liewer, geboren am 2.2.1982 in Saarbrücken, war als examinierte Altenpflegerin zunächst im Pflegezentrum St. Marienhaus Saarweiler tätig. Sie war vom 1.5.2008 bis 30.6.2008 mit 50 % der Regelarbeitszeit, vom 1.7.2008 bis 30.4.2009 mit 75 % der Regelarbeitszeit, vom 1.5.2009 bis 31.8.2009 wieder mit 50 % der Regelarbeitszeit, in der Zeit vom 1.9.2009 bis 30.4.2010 mit 75 % der Regelarbeitszeit und vom 1.5.2010 bis 30.11.2010 mit 50 % der Regelarbeitszeit beschäftigt.

Seit dem 1.12.2010 ist Frau Liewer im Seniorenstift St. Anna mit 75 % der Regelarbeitszeit beschäftigt. In der Zeit vom 9.2.2012 bis 8.9.2012 war sie vertretungsbedingt mit 100 % der Regelarbeitszeit vorübergehend im Haus Vera beschäftigt.

Das Seniorenstift St. Anna ist eine Einrichtung der Ursulaschwestern vom Rhein, in Trägerschaft des Ursulaschwestern e.V. Seit dem 1.12.2010 ist das Seniorenstift St. Anna eine Einrichtung nach dem

Pflegeversicherungsgesetz mit 100 Pflegeplätzen. Hier werden Bewohner aller Pflegestufen gepflegt und betreut.

Frau Liewer wird als Mitarbeiterin in einem Wohnbereich mit 50 Bewohnern eingesetzt.

Ihre Aufgaben sind u. a.:
- Ausführung von Grundpflegemaßnahmen und Hilfe bei der Verrichtung des täglichen Lebens. Dazu zählten die regelmäßige und fachgerechte Umbettung pflegebedürftiger Menschen, Durchführung von Vorbeugemaßnahmen z. B. gegen Thrombose oder Dekubitus.
- Hilfe bei der Körperpflege, beim An- und Auskleiden, bei der Versorgung mit Nahrungsmitteln und ggf. beim Essen
- Aktivierung der Betreuten zu regelmäßiger Bewegung und Anleitung zu Bewegungs- und Atemübungen
- Mitarbeit bei der Zusammenstellung und Verabreichung der ärztlich verordneten Medikamente
- Durchführung spezieller Pflegemaßnahmen wie Einläufe, Spülungen, Verbände wechseln und Salben einreiben
- Mitwirkung bei Maßnahmen der therapeutischen Rehabilitation wie etwa krankengymnastische Übungen
- Zusammenarbeit mit den behandelnden Ärzten
- Führung helfender Gespräche zur Förderung der zwischenmenschlichen Beziehung und zur Vorbeugung von Isolation und Einsamkeit
- Unterweisung von Angehörigen in der Handhabung von Hilfsmitteln wie Rollstühle, Gehhilfen oder Spezialbetten
- Führung der Pflegedokumentation als Bestandteil des Pflegeprozesses
- Hilfestellung beim Einzug und der Verlegung von Bewohnern
- Begleitung von schwerkranken und sterbenden Bewohnern und deren Angehörigen
- Aktivierung und Beschäftigung mit den Bewohnern
- Betreuung und Begleitung von Patienten im Wachkoma, die zum Teil mit Tracheostoma versorgt werden

- *Biographiegestützte therapeutische Arbeit, u. a. mit Anwendungen von Techniken der basalen Stimulation und Kinesthetik*
- *Abrechnung von Pflegeleistungen*

Frau Liewer verfügt über umfassende und vielseitige Fachkenntnisse, die sie jederzeit sicher und zielgerichtet in der Praxis einsetzt.

Sie besucht regelmäßig und erfolgreich Weiterbildungsseminare, um ihre Stärken auszubauen, ihre guten Fachkenntnisse zu erweitern, und die gewonnenen Kenntnisse zum Wohle unserer Bewohner einzusetzen.

Im Umgang mit Wachkoma-Patienten ist Frau Liewer besonders geschult und erfahren. Da im Wohnbereich St. Anna bis zu vier Bewohner im Wachkoma leben, ist eine anspruchsvolle Pflege gefordert, die Frau Liewer stets sicher und mit hohem Standard beherrscht.

Durch ihre gute Auffassungsgabe ist Frau Liewer immer in der Lage, neue Situationen zu überschauen, deren Folgen einzuschätzen und die richtigen Prioritäten zu setzen.

Auch in schwierigen Situationen beweist sie eine gute Weitsicht, die es ihr ermöglicht, zutreffend und verantwortungsvoll zu urteilen und zu reagieren. Sie leitet situationsgerecht die notwendigen Maßnahmen ein und bewältigt sie auch in Krisenzeiten umsichtig und fürsorglich. Im Umgang mit Patienten beweist sie große Aufmerksamkeit, Sorgfalt und Hilfsbereitschaft.

Frau Liewer ergreift von sich aus die Initiative und setzt sich mit großer Einsatzbereitschaft für unser Haus und unsere Bewohner und Bewohnerinnen ein.

Auch unter schwierigen Arbeitsbedingungen, hohem Zeitdruck und starker Belastung erfüllt sie unsere Erwartungen in guter Weise und hat dabei stets das Wohl der Bewohner im Blick. Sie verfügt über eine gute Patientenbeobachtung, arbeitet flexibel und war den Problemen der Bewohner stets zugewandt. Stets arbeitet Frau Liewer sehr umsichtig, gewissenhaft und genau.

> *Bei Vorgesetzten, Kollegen, Patienten und deren Angehörigen ist sie anerkannt und geschätzt.*
>
> *Frau Liewer erfüllt die ihr übertragenen Aufgaben stets zur unserer vollen Zufriedenheit.*
>
> *Das Zwischenzeugnis wird auf Wunsch von Frau Liewer ausgestellt.*
>
> *Wir bedanken uns an dieser Stelle bei Frau Liewer für ihre bisherige Tätigkeit in unserem Hause und freuen uns auf die weitere Zusammenarbeit.*

Besonders auffallend ist in diesem Arbeitszeugnis die ausführliche Aufzählung der Tätigkeiten. In den Einzelbewertungen wird vor allem der Umgang mit den Wachkoma-Patienten gelobt sowie die gute Auffassungsgabe der Mitarbeiterin hervorgehoben. Die schwierigen Arbeitsbedingungen und die starke Arbeitsbelastung sowie der Umgang mit dieser Situation werden ebenfalls besonders lobend erwähnt. Es handelt sich hierbei um ein typisches Zwischenzeugnis, in dem am Ende der Arbeitgeber ausdrückt, dass er sich auf eine weitere Zusammenarbeit mit der Arbeitnehmerin freut. So entspricht auch die Schlussformel der Gesamtnote gut.

10. Sekretärin in einem Hilfswerk (Zwischenzeugnis), Evangelische Kirche

Zwischenzeugnis

Frau Birgit Borowski, geboren am 31.10.1970, ist seit dem 1.9.1996 beim Evangelischen Hilfswerk Erasmus als Sekretärin angestellt.

Erasmus ist das evangelische Hilfswerk, das auf der Grundlage christlicher Nächstenliebe seine Arbeit auf die Bekämpfung der Armut ausgerichtet hat, Ursachen von Not und Elend offen benennt und konsequent als Anwalt an der Seite der Armen in Afrika, Asien und Lateinamerika steht.

Zu den Aufgaben von Frau Borowski gehören:
- *Organisation des Sekretariats (Materialbestellung, Ausführung der Korrespondenz, Reisekostenabrechnung, Pflege der Adressdatenbank, Erledigung der Neuanschaffungen von der Recherche bis zur Lieferung und Installation, Beauftragung und Betreuung von Wartungsfirmen*
- *Bearbeitung finanzieller Vorgänge (Kassen- und Kontoführung, Kontoüberwachung, Rechnungswesen, monatliche Kontoabrechnungen)*
- *Betreuung der Präsenzbibliothek und des Materialbestandes (Broschüren, Bücher und andere Medien, jährliche Inventur des Verkaufsmaterials, Erfassung des Bibliotheksbestandes in Datenbank)*
- *Besucherbetreuung (Erteilen von Auskünften, Materialverkauf, Versand von Informationen, Betreuung und Bewirtung der Besucher bei Tagungen, Unterstützung von Mitarbeitern der Hauptgeschäftsstelle)*
- *Unterstützung der Referenten beim Einsatz an Informationsständen auf Tagungen und Veranstaltungen (Hilfe beim Auf- und Abbau,*

Koordination des Materialeinsatzes, Informieren von Passanten / Besuchern, Unterstützen bei Aktionen an Infoständen)

Bis zum Jahr 2011 hat Frau Borowski darüber hinaus die Recherche und Sammlung von Informationen und Daten zu wichtigen Themen der Entwicklungshilfe aus Zeitungen, Zeitschriften, Büchern etc. für die Kollegen in der Arbeitsstelle und Besucher, vornehmlich Schüler und Lehrer aus Berlin und den östlichen Diözesen durchgeführt. Diese Aufgabe wurde im Zuge einer Umorganisation im Jahr 2011 nach Bonn verlagert.

Frau Borowski führte den ihr übertragenen Aufgabenbereich stets zur vollen Zufriedenheit durch. Hervorzuheben sind ihre Einsatzfreudigkeit, ihre hohe Belastbarkeit, ihre Ausdauer und ihr Fleiß. Auf ihre zuverlässige, umsichtige und gewissenhafte Arbeitsweise ist auch in schwierigen Situationen jederzeit Verlass. Frau Borowski verfügt über umfassende Fachkenntnisse in der Büroorganisation. Ihre guten PC-Kenntnisse (MS-Word, Excel, Access, LibraTool) wendet sie stets kompetent an.

Aufgrund ihrer fachlichen Kompetenz und ihrer persönlichen Integrität ist Frau Borowski bei ihren Vorgesetzten, Kollegen und Kolleginnen und Besuchern sehr geschätzt. Ihr persönliches Verhalten ist stets einwandfrei.

Frau Borowski hat um dieses Zwischenzeugnis gebeten, weil ihr Arbeitsplatz nach Bonn in unsere neue Geschäftsstelle verlegt wird. Wir danken ihr für ihre bisherige gute und konstruktive Mitarbeit und wir freuen uns auf die Fortsetzung der vertrauensvollen Zusammenarbeit.

🗲 Dieses sehr nüchterne und knapp formulierte Arbeitszeugnis wurde als Zwischenzeugnis ausgestellt, da der Arbeitsplatz der Mitarbeiterin in eine andere Stadt verlegt wurde. Nach einer kurzen anfänglichen Beschreibung der Dienststelle erfolgt eine kurze Auflistung von Arbeitsaufgaben sowie im Volltext eine weitere Beschreibung von Arbeitsaufgaben, die im Zuge einer

Umorganisation aber nicht mehr weiter ausgeführt wurden. Die Leistungsbewertung ist relativ knapp gehalten, deckt aber alle notwendigen Punkte ab. Nach einer so langen Beschäftigungsdauer könnte das im Jahr 2018 ausgestellte Zwischenzeugnis auch ausführlicher sein.

11. Arzt im Krankenhaus (Zwischenzeugnis), Caritas

Zwischenzeugnis

Herr Dr. med. Markus Andresen, geb. am 1.3.1984, war vom 1.4.2013 bis zum 15.5.2015 als planmäßiger Assistenzarzt in der Abteilung für Unfallchirurgie des Zentrums für Orthopädie und Unfallchirurgie am St. Ludwig-Hospital in Hospitalstadt tätig. Unser Krankenhaus ist geprägt von der Verwurzelung in der Kirche und ihrer Caritas. Der damit festgelegte Auftrag wird durch die medizinischen, pflegerischen, seelsorglichen, sozialen und pädagogischen Dienste mit Leben gefüllt. Der ganzheitliche Dienst am Patienten steht im Vordergrund. Seine physischen, psychosozialen und emotionalen Bedürfnisse werden gleichermaßen berücksichtigt. Wir sehen unsere besondere Verantwortung darin, die Würde unheilbar kranker und sterbender Menschen zu achten und diese und deren Angehörigen bei der Bewältigung ihrer Situation zu unterstützen. Die unfallchirurgische Abteilung ist zum berufsgenossenschaftlichen Durchgangsarzt- und Verletzungsartenverfahren (§ 6) zugelassen und verfügt über 40, die orthopädische Abteilung über 45 Planbetten. Bezüglich der Weiterbildung auf dem Gebiet der Unfallchirurgie besteht jetzt eine Weiterbildungsermächtigung von 24 Monaten.

Die Behandlung von Traumata aller Schweregrade (auch im Rahmen des berufsgenossenschaftlichen Heilverfahrens einschließlich Verletzungsartenverfahren) gehört zu unseren Kernkompetenzen.

Wir versorgen Unfallverletzungen unterschiedlichster Art sowohl bei Erwachsenen jeden Alters, als auch bei Kindern und Jugendlichen, u. a. Verletzungen von Wirbelsäule und Becken, operative, konservative sowie minimal-invasive Knochenbruchbehandlung, arthroskopische und arthroskopisch unterstützte Gelenkchirurgie, Bandverletzungen an Gelenken, Muskel- und Weichteilverletzungen und Sehnen- und Nervenverletzungen in mikroskopischer Technik.

Bei deren Behandlung kommen alle gängigen operativen und konservativen Therapieverfahren zur Anwendung. Besondere Schwerpunkte sind die arthroskopische Chirurgie und die Endoprothetik des Hüft- und Kniegelenkes.

Herr Dr. Andresen wechselte mit der Zentrumsgründung als Assistenzarzt aus der allgemeinchirurgischen in die unfallchirurgische Abteilung. Er erfüllt alle anfallenden Aufgaben wie Visiten, Verbandwechsel, Anlegen und Führen von Krankengeschichten, Erstattung von Arztberichten, Schriftwechsel mit Kostenträgern und Versicherungen, Einleitung von Anschlussheilbehandlungen und die Koordinierung der frühen postoperativen Physiotherapie und Schmerzbehandlung, prompt und stets zu meiner vollen Zufriedenheit. Dabei vertiefte und erweiterte er seine bereits sehr guten Vorkenntnisse in der Diagnostik, der Differentialdiagnostik und den sich daraus ergebenden Behandlungsmaßnahmen auf dem Gebiet der Unfallchirurgie und Orthopädie.

Sein Umgang mit Patienten ist immer der Situation angemessen, höflich und hilfsbereit, sein Verhalten gegenüber Vorgesetzten und Personal stets loyal und korrekt. Seine aufgeschlossene und freundliche Art machen ihn zu einem beliebten und allseits geschätzten Kollegen. In der Notfallambulanz nahm er am übergreifenden Bereitschaftsdienst für die Unfallchirurgie und Orthopädie teil und vertiefte im Rahmen dieser Tätigkeit seine Erfahrungen in der primären Diagnostik und Behandlung von Notfallpatienten beider Gebiete unter Einbeziehung der dafür notwendigen technischen und laborchemischen Untersuchungsverfahren. Er beherrscht die primäre

Wundversorgung, einschließlich Verbrennungen und die zugehörigen Anästhesieverfahren, sofern sie nicht von unseren Anästhesisten ausgeführt werden müssen, und die Erstversorgung sämtlicher Frakturen und Luxationen mit den entsprechenden Repositionsmaßnahmen nebst Ruhigstellung in Extensionen oder Gipsverbänden.

Besondere Bedeutung legt er auf die Betreuung der unfallchirurgischen Intensivpatienten in enger Zusammenarbeit mit den Anästhesisten.

Mit dem Schriftverkehr des kassenärztlichen Heil- und berufsgenossenschaftlichen Durchgangsarztverfahrens und der zugehörigen Dokumentation ist er gut vertraut. Darüber hinaus beherrscht er die notwendige Verschlüsselung der patientenbezogenen Diagnosen und Behandlungsprozeduren sicher.

Sowohl in der Ambulanz wie auch während der täglichen Besprechungen beider Abteilungen (Notfälle beider Abteilungen und gemeinsame Röntgenbesprechung mit den Radiologen) hat Herr Dr. Andresen seine Kenntnisse in der Beurteilung von Röntgenaufnahmen sowohl bei Frakturen und Luxationen als auch bei degenerativen Veränderungen und sonstigen Pathologien erweitert. Dies bezieht sich auch auf die Beurteilung postoperativer Zustände, z. B. nach Osteosynthesen und bei der Knochenbruchheilung.

Bei den sonstigen regelmäßigen abteilungs- und hausinternen Besprechungen, Diskussionen und Fallbesprechungen ist Herr Dr. Andresen stets interessiert und aktiv beteiligt. Hier wird auch auf das LOGBUCH – Dokumentation der Weiterbildung, gemäß Weiterbildungsverordnung (WBO) verwiesen. Dabei ist anzumerken, dass die Anzahl der eigenständig unter Anleitung durchgeführten Operationen recht gering ist. Dies beruht aber ausschließlich auf der Tatsache, dass mit der Neuplatzierung, Neustrukturierung und Neuorganisation der Unfallchirurgie die operative Versorgung der Patienten zunächst verstärkt durch die Fachärzte der Abteilung erfolgte. Sein Verhalten in der Operationsabteilung bezüglich Sterilität, Umgang mit Geräten

> und Instrumenten und auch hinsichtlich der Zusammenarbeit mit dem Personal ist ebenfalls korrekt. Er assistiert bei Operationen aller Schwierigkeitsgrade und zeigte dabei eine gute manuelle Geschicklichkeit.
>
> Ich selbst bin zum 15.5.2015 wegen der Berufung zum Ärztlichen Direktor des St. Anna Klinikverbundes West ausgeschieden und wünsche Herr Dr. Andresen beruflich wie auch privat alles Gute für seine weitere Zukunft und den verdienten Erfolg. Er war mir stets eine wertvolle Hilfe.
>
> Seit dem 1.4.2015 wird die Abteilung von meinem Oberarzt Dr. med. B. Schmitz kommissarisch geleitet.

Das Arbeitszeugnis eines Arztes wird von zwei Personenkreisen unterschiedlich gelesen. Der Personalfachmann des potenziellen Arbeitgebers schaut anders auf ein solches Zeugnis als der (künftige) Chefarzt. Den Personalfachmann interessieren die einzelnen Aussagen zur Leistung, die Darstellung der Tätigkeiten und die betriebliche Entwicklung. Der Chefarzt schaut eher auf die technische Ausstattung des bisherigen Arbeitgebers, das bisherige Leistungsspektrum und das Führungsverhalten des Arztes.

Dieses Zwischenzeugnis wurde dem Arzt ausgestellt, da der vorgesetzte Chefarzt eine andere Aufgabe übernimmt. Das ist ein typischer Grund für die Ausstellung eines Zwischenzeugnisses. Zu Beginn werden sehr ausführlich der Dienstgeber sowie das Leitbild der Einrichtung geschildert. Die Tätigkeitsbeschreibung beginnt erst im fünften Absatz. Hier werden alle typischen Vorgänge und Tätigkeiten in einer unfallchirurgischen Abteilung aufgeführt und mit der Leistungsbewertung verknüpft. Wichtig ist dabei auch die Schilderung des Patientenumgangs (berufsspezifischer Pflichtinhalt). Auch die administrativen Arbeiten werden erwähnt, da sie zu dieser Tätigkeit dazugehören. Die Begründung für die geringe Zahl der unter Anleitung selbstständig durchgeführten Operationen ist wichtig für einen möglichen neuen Arbeitgeber. Nicht bewertet wird im ansonsten guten Zwischenzeugnis die Leistung hinsichtlich der Belastbarkeit des Arztes und des Umgangs mit Stresssituationen – sicher ein wichtiges Kriterium gerade in diesem Bereich eines Krankenhauses.

12. Haustechniker in einer Bildungsstätte der Diakonie (Endzeugnis)

Arbeitszeugnis

Herr Ronald Schmithüsen, geboren am 12.1.1997, war vom 1.1.2008 bis zum 31.12.2019 als Haustechniker und Hausmeister für uns tätig.

Das Aufgabengebiet von Herrn Schmithüsen umfasste im Einzelnen:
- *Koordination und Überwachung der Aufgaben, die bei der Einrichtung und Instandhaltung der technischen Anlagen von Gebäuden anfallen*
- *Ausführung von Wartungsarbeiten unter Einhaltung einschlägiger arbeits- und sicherheitsrechtlichen Bestimmungen*
- *Durchführung vorbeugender Instandhaltung*
- *Wartung der Alarmsicherungen*
- *Technische Betreuung unserer Seminarräume und der Multifunktionsaula*
- *Dokumentation der geleisteten Arbeiten*
- *Renovierungen von Gästezimmern*
- *Reinigungsarbeiten und Kehrdienst: Kellerräume, Treppenhaus, Gästeparkplatz usw.*
- *Pflege unseres Hildegard-von-Bingen Kräutergartens in Zusammenarbeit mit den Bundesfreiwilligendienstleistenden*
- *Kontrolle des Gesamtzustandes des Bildungshauses sowie der Außenanlagen*
- *Müll- und Winterdienst*

• Überwachung der Heizungsanlage
• Reparaturen am Gebäude
• Anleitung von Praktikanten

Herr Schmithüsen war ein sehr einsatzfreudiger und eigenmotivierter sowie sehr belastbarer und fähiger Mitarbeiter, der alle Aufgaben stets sehr gut bewältigte. Er zeichnete sich durch eine sehr akkurate und geschickte handwerkliche Arbeitsweise aus, die er bei Renovierungsarbeiten in den Gästezimmern und Instandsetzung der Außenanlage bewies. Er arbeitete sehr routiniert, genau und zügig. Mit seinem Engagement und seinen ausgezeichneten Leistungen waren wir stets außerordentlich zufrieden. Auch die Anleitung der Praktikanten und die Zusammenarbeit mit den Bundesfreiwilligendienstleistenden waren stets vorbildlich.

Das Ausscheiden von Herrn Schmithüsen erfolgt aus betriebsbedingten Gründen.

Wir bedanken uns bei Herrn Schmithüsen für seinen hervorragenden Einsatz und wünschen ihm für seine berufliche und private Zukunft alles Gute.

Dieser Haustechniker war 11 Jahre in der Bildungsstätte beschäftigt. Die wesentlichen Aufgaben als Haustechniker und Hausmeister sind beschrieben. Er war das „Mädchen für alles". Seine Leistungen werden gut bis sehr gut eingestuft. Allerdings werden nicht alle Leistungsbereiche bewertet, was nach 11 Jahren aber dringend zu empfehlen wäre. Das Zeugnis erweckt auf die Länge bezogen eher den Eindruck eines einfachen Arbeitszeugnisses. Das Führungsverhalten wird auch nicht erwähnt.

Anhang

Übersicht zu den Rechtsgrundlagen

Rechtsgrundlagen für den Anspruch auf Erteilung eines Arbeitszeugnisses finden sich in gesetzlichen, tariflichen und kirchlichen Vorschriften. Dabei bildet das Gesetz oder ein Tarifvertrag oft die Grundlage für die Regelungen, die sich in den Arbeitsvertragsordnungen von Kirche, Caritas und Diakonie finden.

Die nachfolgende Übersicht auf Seite 158 ff. stellt die wesentlichen Rechtsgrundlagen mit ihrem Wortlaut vor.

I. Gesetze

Gewerbeordnung (GewO):

§ 109 Zeugnis

(1) Der Arbeitnehmer hat bei Beendigung eines Arbeitsverhältnisses Anspruch auf ein schriftliches Zeugnis. Das Zeugnis muss mindestens Angaben zu Art und Dauer der Tätigkeit (einfaches Zeugnis) enthalten. Der Arbeitnehmer kann verlangen, dass sich die Angaben darüber hinaus auf Leistung und Verhalten im Arbeitsverhältnis (qualifiziertes Zeugnis) erstrecken.

(2) Das Zeugnis muss klar und verständlich formuliert sein. Es darf keine Merkmale oder Formulierungen enthalten, die den Zweck haben, eine andere als aus der äußeren Form oder aus dem Wortlaut ersichtliche Aussage über den Arbeitnehmer zu treffen.

(3) Die Erteilung des Zeugnisses in elektronischer Form ist ausgeschlossen.

Berufsbildungsgesetz (BBIG):

§ 16 Zeugnis

(1) Ausbildende haben den Auszubildenden bei Beendigung des Berufsausbildungsverhältnisses ein schriftliches Zeugnis auszustellen. Die elektronische Form ist ausgeschlossen. Haben Ausbildende die Berufsausbildung nicht selbst durchgeführt, so soll auch der Ausbilder oder die Ausbilderin das Zeugnis unterschreiben.

(2) Das Zeugnis muss Angaben enthalten über Art, Dauer und Ziel der Berufsausbildung sowie über die erworbenen beruflichen Fertigkeiten, Kenntnisse und Fähigkeiten der Auszubildenden. Auf Verlangen Auszubildender sind auch Angaben über Verhalten und Leistung aufzunehmen.

II. Katholische Kirche / Caritas[1]

Arbeitsvertragsrichtlinien des Deutschen Caritasverbandes (AVR Caritas):

§ 20 Arbeitszeugnis

Jeder Mitarbeiter hat nach Beendigung des Dienstverhältnisses Anspruch auf Ausstellung eines Zeugnisses durch den Dienstgeber oder seinen Bevollmächtigten. Er kann in begründeten Fällen ein vorläufiges Zeugnis verlangen.

Kirchliche Arbeits- und Vergütungsordnung für die (Erz-)Bistümer Aachen, Essen, Köln, Münster (nordrhein-westfälischer Teil) und Paderborn (KAVO NRW):

§ 50 Zeugnis

(1) Bei Beendigung des Arbeitsverhältnisses haben die Mitarbeiter Anspruch auf ein schriftliches Zeugnis über Art und Dauer ihrer Tätigkeit, das sich auch auf Führung und Leistung erstrecken muss (Endzeugnis).

(2) Aus triftigen Gründen können Mitarbeiter auch während des Arbeitsverhältnisses ein Zeugnis verlangen (Zwischenzeugnis).

(3) Bei bevorstehender Beendigung des Arbeitsverhältnisses können die Mitarbeiter ein Zeugnis über Art und Dauer ihrer Tätigkeit verlangen (vorläufiges Zeugnis).

(4) Die Zeugnisse gemäß den Absätzen 1 bis 3 sind unverzüglich auszustellen.

---

[1] Gleichlautende Regelungen wie die nachstehend abgedruckten Vorschriften finden sich auch in anderen (Erz-)Bistümern, z. B. in Freiburg oder Trier. Die meisten (Erz)Bistümer orientieren sich dabei an den Regelungen des TVöD. Zu § 35 TVöD siehe Seite 19

Kirchliche Dienstvertragsordnung (DVO) für die (Erz-)Bistümer Berlin, Dresden-Meißen, Erfurt, Görlitz, Hamburg und Magdeburg:

§ 35 Zeugnis

(1) Bei Beendigung des Arbeitsverhältnisses hat der Mitarbeiter Anspruch auf ein schriftliches Zeugnis über Art und Dauer seiner Tätigkeit, das sich auch auf Führung und Leistung erstrecken muss (Endzeugnis).

(2) Aus triftigen Gründen kann ein Mitarbeiter auch während des Arbeitsverhältnisses ein Zeugnis verlangen (Zwischenzeugnis).

(3) Bei bevorstehender Beendigung des Arbeitsverhältnisses kann der Mitarbeiter ein Zeugnis über Art und Dauer seiner Tätigkeit verlangen (vorläufiges Zeugnis).

(4) Die Zeugnisse gemäß den Absätzen 1 bis 3 sind unverzüglich auszustellen.

Arbeitsvertragsrecht der bayerischen Diözesen (ABD):

§ 35 Zeugnis

(1) Bei Beendigung des Arbeitsverhältnisses haben die Beschäftigten Anspruch auf ein schriftliches Zeugnis über Art und Dauer ihrer Tätigkeit, das sich auch auf Führung und Leistung erstrecken muss (Endzeugnis).

(2) Aus triftigen Gründen können Beschäftigte auch während des Arbeitsverhältnisses ein Zeugnis verlangen (Zwischenzeugnis).

(3) Bei bevorstehender Beendigung des Arbeitsverhältnisses können die Beschäftigten ein Zeugnis über Art und Dauer ihrer Tätigkeit verlangen (vorläufiges Zeugnis).

(4) Die Zeugnisse gemäß den Absätzen 1 bis 3 sind unverzüglich auszustellen.

Arbeitsvertragsordnung für Mitarbeiterinnen und Mitarbeiter im kirchlichen Dienst (AVO) für das Bistum Osnabrück und den Offizialatsbezirk Oldenburg:

§ 35 Zeugnis

Es gilt § 35 TVöD.

(1) Bei Beendigung des Arbeitsverhältnisses haben die Beschäftigten Anspruch auf ein schriftliches Zeugnis über Art und Dauer ihrer Tätigkeit, das sich auch auf Führung und Leistung erstrecken muss (Endzeugnis).

(2) Aus triftigen Gründen können Beschäftigte auch während des Arbeitsverhältnisses ein Zeugnis verlangen (Zwischenzeugnis).

(3) Bei bevorstehender Beendigung des Arbeitsverhältnisses können die Beschäftigten ein Zeugnis über Art und Dauer ihrer Tätigkeit verlangen (vorläufiges Zeugnis).

(4) Die Zeugnisse gemäß den Absätzen 1 bis 3 sind unverzüglich auszustellen.

III. Evangelische Kirche / Diakonie

Im Bereich der Evangelischen Kirche gibt es aufgrund der Zersplitterung der Tarifbereiche viele verschiedene tarifvertragliche Regelungen, von denen hier nur eine Auswahl dargestellt werden kann.

Bundes-Angestellten-Tarifvertrag in kirchlicher Fassung (BAT-KF):

§ 34 Zeugnis

(1) Bei Beendigung des Arbeitsverhältnisses haben die Mitarbeitenden Anspruch auf ein schriftliches Zeugnis über Art und Dauer ihrer Tätigkeit, das sich auch auf Führung und Leistung erstrecken muss (Endzeugnis).

(2) Aus triftigen Gründen können Mitarbeitende auch während des Arbeitsverhältnisses ein Zeugnis verlangen (Zwischenzeugnis).

(3) Bei bevorstehender Beendigung des Arbeitsverhältnisses können die Mitarbeitenden ein Zeugnis über Art und Dauer ihrer Tätigkeit verlangen (vorläufiges Zeugnis).

(4) Die Zeugnisse gemäß den Absätzen 1 bis 3 sind unverzüglich auszustellen.

Arbeitsvertragsrichtlinien der Diakonie Deutschland (AVR.DW.EKD):

§ 37 Zeugnisse und Arbeitsbescheinigungen

(1) Bei Kündigung hat die Mitarbeiterin bzw. der Mitarbeiter Anspruch auf unverzügliche Ausstellung eines vorläufigen Zeugnisses über Art und Dauer seiner Tätigkeit. Dieses Zeugnis ist bei Beendigung des Dienstverhältnisses sofort gegen ein endgültiges Zeugnis umzutauschen, das sich auf Antrag auch auf Führung und Leistung erstrecken muss.

(2) Die Mitarbeiterin bzw. der Mitarbeiter ist berechtigt, aus triftigen Gründen auch während des Dienstverhältnisses ein Zeugnis zu verlangen.

(3) ...

Arbeitsvertragsrichtlinien des Diakonischen Werkes Mecklenburg-Vorpommern e. V. (AVR.DW M-V):

§ 37 Zeugnisse und Arbeitsbescheinigungen

(1) Bei Kündigung hat der Mitarbeiter Anspruch auf unverzügliche Ausstellung eines vorläufigen Zeugnisses über Art und Dauer seiner Tätigkeit. Dieses Zeugnis ist bei Beendigung des Dienstverhältnisses sofort gegen ein endgültiges Zeugnis umzutauschen, das sich auf Antrag auch auf Führung und Leistung erstrecken muss.

(2) Der Mitarbeiter ist berechtigt, aus triftigen Gründen auch während des Dienstverhältnisses ein Zeugnis zu verlangen.

(3) und (4) ...

Tarifvertrag Ausbildung der Evangelisch-Lutherischen Kirche in Norddeutschland:

§ 19 Zeugnis

(1) Der Ausbildende hat der Auszubildenden bei Beendigung des Ausbildungsverhältnisses ein Zeugnis auszustellen.

(2) Das Zeugnis muss Angaben enthalten über Art, Dauer und Ziel der Ausbildung sowie über die erworbenen Fertigkeiten und Kenntnisse der Auszubildenden. Auf Verlangen der Auszubildenden sind auch Angaben über Führung, Leistung und besondere fachliche Fähigkeiten aufzunehmen.

Tarifvertrag Praktikum der Evangelisch-Lutherischen Kirche in Norddeutschland:

§ 12 Zeugnis

Der Anstellungsträger hat der Praktikantin bei Beendigung des Praktikantenverhältnisses ein Zeugnis auszustellen. Das Zeugnis muss Angaben über Art, Dauer und Ziel des Praktikums sowie über die erworbenen Fertigkeiten und Kenntnisse enthalten. Auf Verlangen der Praktikantin sind auch Angaben über Führung, Leistung und besondere fachliche Fähigkeiten aufzunehmen.

Übersicht zu den Rechtsgrundlagen

Der Tarifvertrag für den öffentlichen Dienst der Länder (TV-L) dient als Grundlage für:

- die Kirchliche Dienstvertragsordnung (DiVO) der Evangelisch-Lutherischen Kirche in Bayern,
- die Kirchliche Arbeitsvertragsordnung der Bremischen Evangelischen Kirche (KAVO-BEK),
- die Kirchliche Arbeitsvertragsordnung der Evangelischen Kirche in Deutschland Ost (KAVO EKD-Ost)

und weitere Ordnungen.[2]

§ 35 TV-L lautet:

§ 35 Zeugnis

(1) Bei Beendigung des Arbeitsverhältnisses haben die Beschäftigten Anspruch auf ein schriftliches Zeugnis über Art und Dauer ihrer Tätigkeit; es muss sich auch auf Führung und Leistung erstrecken (Endzeugnis).

(2) Aus triftigen Gründen können Beschäftigte auch während des Arbeitsverhältnisses ein Zeugnis verlangen (Zwischenzeugnis).

(3) Bei bevorstehender Beendigung des Arbeitsverhältnisses können die Beschäftigten ein Zeugnis über Art und Dauer ihrer Tätigkeit verlangen (vorläufiges Zeugnis).

(4) Die Zeugnisse gemäß den Absätzen 1 bis 3 sind unverzüglich auszustellen.

Für den Bereich der Evangelisch-Lutherischen Kirche in Norddeutschland haben die Tarifpartner im KAT **(Kirchlicher Arbeitnehmerinnen Tarifvertrag)** keine Regelung zum Arbeitszeugnis abgeschlossen und verweisen auf die geltenden gesetzlichen Bestimmungen. Gleiches gilt für den Tarifvertrag KTD **(Kirchlicher Tarifvertrag Diakonie)**.

---

[2] Steuernagel in: Das Arbeits- und Tarifrecht der Evangelischen Kirche, Seite 279

Muster für eine Klage auf Erteilung des Arbeitszeugnisses

Absender   *Ort, Datum*

An das Arbeitsgericht
(Anschrift)

Klage des
Hans Mustermann, (Adresse)
– Kläger –
Prozessbevollmächtigte: (Name, Adresse)

gegen
Diakonische Tagespflege, vertreten durch die Geschäftsführerin, Frau Petra Musterfrau, (Adresse)
– Beklagte –

Hiermit zeigen wir an, dass wir den Kläger vertreten. Namens und im Auftrag des Klägers erheben wir Klage und beantragen:

Die Beklagte wird verurteilt, dem Kläger ein qualifiziertes Zeugnis zu erteilen.

Begründung:
Zwischen den Parteien bestand vom 1.10.2018 bis zum 31.12.2019 ein Arbeitsverhältnis.
Mit Schreiben vom 3.1.2020 wurde die Beklagte unter Fristsetzung bis zum 17.1.2020 zur Erteilung eines qualifizierten Zeugnisses aufgefordert. Das Zeugnis wurde nicht erteilt, daher ist Klage geboten.
Der Anspruch ergibt sich aus § 109 GewO.

Unterschriften

Checkliste für Zeugnisaussteller

1. Um welche Art des Arbeitszeugnisses handelt es sich?

    a) nach dem Inhalt:
    einfaches Zeugnis? ☐ Ja ☐ Nein
    qualifiziertes Zeugnis? ☐ Ja ☐ Nein

    b) nach dem Zeitpunkt:
    Zwischenzeugnis? ☐ Ja ☐ Nein
    vorläufiges Zeugnis? ☐ Ja ☐ Nein
    Endzeugnis? ☐ Ja ☐ Nein

2. Handelt es sich bei den Unterzeichnern um die für dieses Zeugnis ausstellungsberechtigten Personen? ☐ Ja ☐ Nein

3. Werden die Art der Einrichtung und die Arbeitsbereiche des Zeugnisempfängers dargestellt? ☐ Ja ☐ Nein

4. Sind die Statusangaben des Zeugnisempfängers richtig und vollständig wiedergegeben?

    a) persönliche Daten ☐ Ja ☐ Nein

    b) beruflicher Werdegang
    (Aufstiege / Weiterentwicklungen) ☐ Ja ☐ Nein

    c) Beschäftigungsumfang (aktuell / zurückliegend) ☐ Ja ☐ Nein

5. Sind Unterbrechungen des Arbeitsverhältnisses zu erwähnen? ☐ Ja ☐ Nein

6. Ist eine Auflistung der Tätigkeiten vorhanden (Stellenbeschreibung)? ☐ Ja ☐ Nein

7. Sind wichtige Fort- und Weiterbildungsmaßnahmen erwähnt? ☐ Ja ☐ Nein

8. Beim qualifizierten Zeugnis:

   a) Wurden die Einzelleistungsbewertungen vollständig vorgenommen? ☐ Ja ☐ Nein

   b) Sind die berufsspezifischen Pflichtinhalte enthalten? ☐ Ja ☐ Nein

   c) Steht die Gesamtleistungsbewertung („Schlussnote") mit den Einzelbewertungen im Einklang? ☐ Ja ☐ Nein

   d) Wird das Verhalten (persönliche Führung) bewertet? ☐ Ja ☐ Nein

   e) Bei Führungskräften: Wird das Führungsverhalten bewertet? ☐ Ja ☐ Nein

9. Wird der Anlass für die Zeugniserstellung genannt? ☐ Ja ☐ Nein

10. Enthält das Zeugnis eine Schlussformulierung? ☐ Ja ☐ Nein

Allgemein ist auf Folgendes zu achten:

- Sind alle im Zeugnis genannten Daten korrekt?

- Sind die Angaben fehlerfrei und vollständig?

- Entspricht das Zeugnis den formalen Kriterien?
  (korrekte Rechtschreibung und Grammatik, Überschrift, Datum und Unterschriften, Ausdruck auf Briefbogen des Trägers der Einrichtung)

- Sind die Unterzeichner die für die Erstellung des Zeugnisses befugten Personen?

- Beim Endzeugnis: Stimmen Ausstellungsdatum und Datum der Beendigung des Arbeitsverhältnisses überein?

Checkliste für Zeugnisempfänger

1. Stimmen die formalen Kriterien? ☐ Ja ☐ Nein
   (fehlerfreier Text, Zeugnisausdruck auf
   Firmen-Briefbogen, korrekte Unterschriften
   mit Ort / Datum etc.)

2. Sind meine Daten (Statusangaben) vollständig
   und korrekt angegeben? ☐ Ja ☐ Nein

3. Wurde der betriebliche Werdegang richtig
   dargestellt? ☐ Ja ☐ Nein

4. Sind in der Tätigkeitsbeschreibung die
   wesentlichen Tätigkeiten enthalten? ☐ Ja ☐ Nein

5. Werden wichtige absolvierte Fort- und
   Weiterbildungen erwähnt? ☐ Ja ☐ Nein

6. **Im qualifizierten Zeugnis:**
   Sind alle Einzelleistungsbewertungen mit den
   berufsspezifischen Pflichtinhalten durchgeführt? ☐ Ja ☐ Nein

7. **Im qualifizierten Zeugnis:**
   Ist eine abschließende Gesamtleistungsbewertung
   vorhanden? ☐ Ja ☐ Nein

8. **Im qualifizierten Zeugnis:**
   Ist (bei Führungskräften) die persönliche Führung
   bewertet? ☐ Ja ☐ Nein

9. Gibt es im Endzeugnis eine Aussage zum
   Beendigungsgrund bzw. im Zwischenzeugnis
   zum Anlass für die Erstellung des Zeugnisses? ☐ Ja ☐ Nein

10. Ist eine abschließende Bedauerns- und
    Dankesformel vorhanden? ☐ Ja ☐ Nein

11. Stimmt (beim Endzeugnis) das Ausstellungsdatum
    und das Datum der Beendigung überein? ☐ Ja ☐ Nein

12. Wurde das Zeugnis von den dafür zuständigen
    Personen unterschrieben? ☐ Ja ☐ Nein

Literatur

Fey / Joussen / Steuernagel, Das Arbeits- und Tarifrecht der Evangelischen Kirche, 2012, C.H.BECK

Huber / Müller, Das Arbeitszeugnis in Recht und Praxis, 17. Auflage 2019, HAUFE

Joussen / Mestwerdt / Nause / Spelge, MVG-EKD Kommentar, 2020, C.H.BECK

Joussen (Hrsg.) / Richartz / Nowak / Meiers, KAVO Handbuch, 2016, KETTELER-Verlag

Kühling / Buchner, Datenschutz-Grundverordnung, Bundesdatenschutzgesetz: DS-GVO / BDSG, 3. Auflage 2020, C.H.BECK

Oxenknecht-Witzsch / Eder / Stöcke-Muhlack / Schmitz / Richartz (Hrsg.), Eichstätter Kommentar MAVO – KAGO, 2. Auflage 2018, KETTELER-Verlag

Richter / Garmisch / Mohr, Stellenbeschreibung für den öffentlichen und kirchlichen Dienst, 9. Auflage 2019, WALHALLA Fachverlag

Schleßmann, Das Arbeitszeugnis, 23. Auflage 2021, Fachmedien Recht und Wirtschaft

Schustereit / Welscher, Arbeitszeugnisse und Personalbeurteilung nach dem TVöD, 2008, HAUFE

Zum Autor

Ulrich Richartz

ist seit 2010 Geschäftsführer der Diözesanen Arbeitsgemeinschaft der Mitarbeitervertretungen (DiAG-MAV) im Bistum Münster. In dieser Eigenschaft berät er in allen Fragen des Mitarbeitervertretungsrechts. Richartz schult gemeinsam mit dem Könzgenhaus / Haltern Mitarbeitervertreter des Bistums Münster und referiert bei Veranstaltungen, u. a. der DiAG-MAV des Erzbistums Hamburg. Er war Dozent im Katholisch-Sozialen Institut der Erzdiözese Köln und ist in vielen weiteren Bildungshäusern aktiv.

Richartz ist Mitherausgeber des Eichstätter Kommentars MAVO – KAGO und einer der Autoren des KAVO Handbuchs. Seit vielen Jahren veröffentlicht er in der Fachzeitschrift ZMV – DIE MITARBEITERVERTRETUNG Beiträge zum kirchlichen Arbeitsrecht und ist seit 2021 als ständiger Mitarbeiter in der Redaktion tätig.

Beim KAB-Berufsverband im Bistum Münster arbeitete Richartz knapp 20 Jahre als Rechtsberater und hat kirchliche Mitarbeiterinnen und Mitarbeiter vor den Arbeitsgerichten und Schlichtungsstellen, auch in Streitfragen zum Arbeitszeugnis, vertreten.

Als gelernter Personalfachkaufmann bietet Richartz seit dem Jahr 1998 mit seinem Internetauftritt www.zeugnisbewertung.de einen umfassenden Service zum Thema Arbeitszeugnis. Über 20 Jahre lang bewertete er Zeugnisse aus den verschiedensten beruflichen Tätigkeitsfeldern mit dem Schwerpunkt Kirche, Caritas und Diakonie. Seine langjährige Erfahrung auf diesem Rechtsgebiet ist in dieses Buch eingeflossen.